Scoprire i Giochi Gratuiti Online

Disponibile Qui:

BestActivityBooks.com/FREEGAMES

5 CONSIGLI PER INIZIARE

1) COME RISOLVERE LE PAROLE INTRECCIATTE

I puzzle hanno un formato classico:

- Le parole sono nascoste senza spazi o trattini,...
- Orientamento: Le parole possono essere scritte in avanti, indietro, verso l'alto, verso il basso o in diagonale (possono essere invertite).
- Le parole possono sovrapporsi o intersecarsi.

2) APPRENDIMENTO ATTIVO

Accanto ad ogni parola c'è uno spazio per scrivere la traduzione. Per incoraggiare l'apprendimento attivo, un **DIZIONARIO** alla fine di questa edizione vi permetterà di controllare e ampliare le vostre conoscenze. Cerca e scrivi le traduzioni, trovale nel puzzle e aggiungile al tuo vocabolario!

3) SEGNARE LE PAROLE

Puoi inventare il tuo sistema di segni. Forse ne usi già uno? Per esempio, puoi segnare le parole difficili da trovare con una croce, le parole preferite con una stella, le parole nuove con un triangolo, le parole rare con un diamante, e così via.

4) STRUTTURARE L'APPRENDIMENTO

Questa edizione offre un **TACCUINO** alla fine del libro. In vacanza, in viaggio o a casa, puoi organizzare facilmente le tue nuove conoscenze senza bisogno di un secondo quaderno!

5) AVETE FINITO TUTTE LE GRIGLIE?

Nelle ultime pagine di questo libro, nella sezione della **SFIDA FINALE**, troverete un gioco gratuito!

Facile e veloce! Dai un'occhiata alla nostra collezione di libri di attività per il tuo prossimo momento di divertimento e **apprendimento,** a portata di clic!

Trova la tua prossima sfida su:

BestActivityBooks.com/MioProssimoLibro

Ai vostri posti, pronti...Via!

Sapevi che ci sono circa 7.000 lingue diverse nel mondo? Le parole sono preziose.

Amiamo le lingue e abbiamo lavorato duramente per creare libri di altissima qualità. I nostri ingredienti?

Una selezione di argomenti adatti all'apprendimento, tre buone porzioni di intrattenimento, una cucchiaiata di parole difficili e una spolverata di parole rare. Li serviamo con amore e entusiasmo in modo che tu possa risolvere i migliori giochi di parole e divertirti imparando!

La vostra opinione è essenziale. Puoi partecipare attivamente al successo di questo libro lasciandoci un commento. Ci piacerebbe sapere cosa ti è piaciuto di più di questa edizione.

Ecco un link veloce alla pagina dell'ordine:

BestBooksActivity.com/Recensione50

Grazie per il vostro aiuto e buon divertimento!

Tutta la squadra

1 - Scacchi

り ポ ダ 活 物 ジ プ ズ み 賢 い 女 対 角 課 ャ
読 法 イ プ 味 び レ ジ パ 画 白 釣 王 シ 題 喜
ク シ 影 ン び ル ー ル ッ ト ー ナ メ ン ト 魔
狩 グ 品 法 ト ズ ヤ ダ シ 書 絵 み 芸 び ダ 法
戦 釣 シ 撮 動 ム ー ゲ ブ 陶 編 活 活 ゼ 喜 画
略 狩 レ 喜 影 ー 書 ラ 味 味 狩 レ ハ 品 喜 影
ル 狩 ク レ ム ゼ ハ キ ゼ ゼ イ ー ラ シ 喜 動
狩 猟 物 ブ ラ ッ ク 相 ダ 釣 イ 芸 プ 犠 み
真 品 写 リ ー パ 狩 手 絵 動 キ イ ゲ 喜 牲 性
び 影 活 ラ ズ 学 み 写 陶 ズ イ イ ゼ 品 釣 ャ
コ ン テ ス ト ぶ 狩 法 ラ 芸 ゼ 絵 魔 園 ゲ
ゼ オ プ ム 画 た 影 真 活 読 エ 撮 活 ダ 品
画 ピ ム 興 活 め 時 間 編 ン 興 ズ エ ク ラ
ハ ン 興 釣 キ に 写 園 画 写 活 ズ 興 法 ゲ
ャ 陶 喜 ク ン び 画 猟 ー グ 喜 品 び キ ン
写 チ ゼ 編 釣 絵 グ 園 物 ー 編 喜 品 び キ

相手
白い
チャンピオン
コンテスト
対角
プレーヤー
ゲーム
賢い
ブラック
パッシブ

学ぶために
ポイント
キング
女王
ルール
犠牲
課題
戦略
時間
トーナメント

園	シ	園	活	魔	ゲ	ー	ハ	ー	リ	プ	釣	り	品	キ	ゼ	シ
法	ャ	レ	グ	書	パ	品	芸	み	レ	絵	ズ	元	イ	ジ	味
脱	キ	画	法	プ	解	活	興	法	書	キ	陶	気	リ	撮	キ	ジ
水	体	び	グ	写	喜	剖	撮	ゲ	園	興	イ	法	物	重	キ	ジ
ア	ダ	感	染	興	動	法	学	興	ゼ	真	写	院	キ	さ	芸
法	レ	ビ	タ	ミ	ン	ャ	伝	マ	キ	味	活	病	気	シ	撮
編	プ	ル	ク	ャ	写	ー	遺	ッ	り	ハ	読	ン	プ	影	ダ
法	ジ	ゼ	ギ	物	ク	グ	芸	サ	ル	法	ラ	活	喜	イ
法	ャ	写	写	ー	び	ム	ゲ	ー	読	ク	絵	興	ー	ル	カ
品	エ	撮	ハ	ル	ギ	味	ク	ジ	ハ	活	法	編	ン	カ	ロ
消	化	グ	ル	り	プ	ル	興	栄	食	欲	動	ャ	リ	ロ	エ
レ	法	び	品	ハ	り	ル	ネ	養	イ	影	法	ゲ	ャ	リ	ッ
魔	園	ク	写	法	シ	ャ	味	エ	び	ム	法	イ	品	ー	ト
魔	物	味	動	衛	影	興	法	イ	イ	り	み	ム	物	活	物
法	物	法	ム	生	ー	猟	猟	ル	書	レ	猟	シ	ラ	物	プ
ダ	活	ハ	ゼ	影	撮	園	園	ゼ	芸	画	法	品	ン	イ	血

アレルギー	衛生
解剖学	感染
食欲	病気
カロリー	マッサージ
ダイエット	栄養
消化	病院
脱水	重さ
エネルギー	元気
遺伝学	ビタミン

3 - Aggettivi #2

```
オ 喜 編 ト ン み ジ ド ラ イ 芸 動 ゲ ゼ リ ル
ー ャ ラ ン 読 猟 芸 読 ク 活 レ ゲ り 写 活 ピ
セ ル 陶 ガ ル キ 読 甘 い ナ 園 ズ 法 パ ュ ア
ン 興 ゲ レ ャ 園 園 シ 有 チ 狩 撮 レ ズ ン グ
テ ク リ エ イ ティ ブ 興 名 ュ り レ 撮 り リ ゼ
ィ ゲ ジ シ ー 興 パ ン な ラ 画 説 猟 り ゼ 芸
ッ 狩 ジ ャ み イ プ ハ 生 ル 陶 味 レ 影 真 ハ
ク レ 真 読 芸 物 責 産 陶 ラ 法 狩 み 真 ゲ 読
興 ゼ 味 ゼ 写 塩 任 的 狩 ク 真 ゲ リ リ 陶 リ
興 ー ク エ 狩 真 辛 者 パ 影 影 リ リ 陶 ハ 誇
エ 劇 空 面 白 い 動 い 芸 み パ 活 魔 ハ 正 り
魔 的 ン 腹 喜 画 パ 写 撮 エ ズ 絵 正 常 影 強
ャ 喜 ゼ 猟 活 び 読 ゲ 真 シ レ キ レ ゼ 影 強
ハ 味 パ 品 興 読 ズ ラ ー 元 気 ャ 法 動 ゼ い
ハ 興 活 影 ン 猟 ル ハ 新 キ ー 芸 真 ラ 写 書
芸 動 キ ダ 写 ャ り 喜 リ 着 ク ム 喜 ダ パ 法
```

空腹
ドライ
オーセンティック
クリエイティブ
説明
甘い
劇的
エレガント
有名な
強い

面白い
ナチュラル
正常
新着
誇り
生産的
ピュア
責任者
塩辛い
元気

```
ル 動 釣 シ 陶 建 設 猟 魔 喜 影 ャ ン ゲ ゲ ャ
編 味 物 強 編 味 写 芸 グ 影 ハ 撮 り 魔 動 動
ズ プ ダ さ エ ネ ル ギ ー 興 陶 写 画 興 書 編
ズ 真 芸 レ ゼ キ ン 陶 角 推 プ キ 画 画 ジ ン
ギ ア 絵 ク ジ グ 読 味 度 進 ズ パ レ 影 分 リ
ラ 読 パ 品 園 パ 動 絵 ゼ 構 法 ゼ ゼ 画 布 喜
ム 深 直 径 安 定 性 法 芸 造 モ 編 ゼ 芸 編
プ さ び エ ン 狩 ジ イ 画 ル ゼ ー ィ デ 活 陶
ハ 法 動 測 芸 グ ラ 真 ダ 絵 動 ジ タ 猟 画 ク
リ 猟 み ズ 定 画 機 ゲ イ 影 狩 喜 ー 動 動
り ハ 狩 グ り 魔 械 ル レ 図 動 撮 品 ハ ダ び
喜 画 陶 書 絵 陶 品 芸 ク 回 キ 物 活 写 み ゼ
読 レ 園 シ リ 狩 び シ 喜 り 転 パ パ 軸 ハ 書
写 ー 猟 興 味 び 真 法 み プ 読 ズ 液 陶 イ 園
画 り 書 ゲ レ 芸 計 算 真 プ 編 ダ 体 猟 ム ジ
パ ゲ 喜 グ グ 計 算 真 プ 編 ダ 真 グ シ キ グ
```

角度　　　　液体
計算　　　　機械
建設　　　　測定
直径　　　　モーター
ディーゼル　深さ
分布　　　　推進
エネルギー　回転
強さ　　　　安定性
ギア　　　　構造

5 - Archeologia

```
び 真 物 画 陶 器 ダ キ イ ジ ャ リ 品 書 ジ リ
グ 書 活 り 品 ゲ 喜 影 釣 釣 ラ ク ー 喜 エ び
ク ー 写 シ リ ム 影 び シ 味 法 動 び 撮 ン 撮
ル キ 陶 ー プ 猟 墓 エ ダ 法 猟 り ャ 写 グ 写
魔 狩 釣 ラ ズ ダ ム 法 書 芸 チ 品 ー 写 絵 レ
忘 れ ら れ た 影 工 品 ン り ー 絵 教 文 ズ 明
画 味 芸 興 レ グ 年 書 猟 ミ ャ ク ム 授 喜 編
オ ブ ジ ェ ク ト 時 代 活 ス 喜 み み シ 編 写
イ ダ エ リ 園 興 評 価 テ リ 分 析 ン 化 石
プ み エ イ ク レ 猟 写 リ 真 影 園 活 画 物 読
陶 プ 書 研 専 門 家 法 び ー ハ ダ ラ 絵 キ 骨
狩 画 影 究 プ 絵 ラ 編 芸 品 ム 編 び 園 物 読
品 ク ン 者 み び 撮 動 味 不 明 喜 釣 シ シ び
グ 写 味 エ ル ジ 編 み 書 パ ー 動 喜 シ 子 孫
ー ジ り み ジ ジ 狩 プ 寺 イ ル パ ズ ダ 味 り
エ ク ズ 遺 物 プ キ 釣 猟 写 品 法 品 ズ
```

分析   ミステリー
陶器   オブジェクト
文明   教授
忘れられた   遺物
子孫   研究者
時代   不明
専門家   チーム
化石   評価

6 - Salute e Benessere #1

```
ホ ス レ 法 真 読 狩 魔 魔 芸 影 書 イ ー 動 ズ
ン ル 釣 写 り 釣 絵 ム り キ 読 活 ラ 絵 薬 ム
活 イ モ 狩 筋 反 興 園 狩 ラ 読 写 猟 シ 釣 み
品 ウ ル ン 肉 射 び 陶 釣 レ 法 ル 興 芸 ム
猟 り ズ 釣 ジ ズ 読 興 ク 陶 ゲ イ キ 書 ャ み
ク ハ パ 興 動 撮 猟 興 味 書 魔 イ ジ 活 興 み
姿 勢 り 陶 書 陶 プ ジ プ 魔 ム 喜 物 書 医 者
撮 味 神 経 飢 餓 薬 局 真 ダ 画 釣 治 療 画 猟
絵 画 ゲ 真 パ 診 ム 喜 写 シ 猟 読 ラ 喜 ジ 動
骨 り 陶 喜 ク 療 ム り 品 陶 シ エ 物 撮 活 品
ハ 撮 ゲ ー 動 所 ア ク テ ィ ブ ル 魔 び エ り
撮 習 パ イ ハ 読 書 ジ プ 陶 猟 狩 ャ 細 書 り
ゲ 慣 エ 猟 物 ン 物 釣 魔 喜 編 パ 真 物 菌 ジ
影 真 イ 興 ラ 興 シ 編 読 喜 シ ー 骨 折 物 狩
ジ み 影 ゲ パ 活 活 ズ ハ 肌 ャ 真 魔 活 プ キ
リ ラ ク ゼ ー シ ョ ン 高 さ 書 物 エ ム ゼ ム
```

習慣	筋肉
高さ	神経
アクティブ	ホルモン
細菌	姿勢
診療所	反射
飢餓	リラクゼーション
薬局	治療
骨折	ウイルス
医者	

7 - Aggettivi #1

```
読 プ 興 キ プ シ 喜 ア ク み 真 喜 魔 み ル ジ
撮 撮 イ 書 芸 動 ン ク ッ チ ゾ キ エ プ ジ 重 要
ゼ 陶 パ ー エ ャ 影 テ び 味 キ ル キ み 真 貴 リ
動 書 遅 興 影 真 ダ ブ グ 魔 キ ー ン 動 陶 り 書 園
モ ダ ン い 正 影 ゼ 釣 影 興 ー び 活 興 写 狩 若
ジ 書 影 深 直 書 シ 陶 リ ー ゼ 動 写 重 影
り ル ル び 猟 物 芸 大 リ 猟 パ 編 ー 完 芸 術 プ ル
真 撮 ジ シ 魔 物 芸 大 き 猟 動 ー 完 全 み ジ 的 心 プ ル
レ ル 影 キ ン ダ 釣 編 い 撮 ジ 園 び 影 術 野 活
パ シ 興 ク 書 ル 影 編 ジ 猟 ン パ 法 影 ジ ク プ 薄 エ
写 パ 興 画 活 ダ 読 画 ル み 猟 活 ャ 同 ダ ジ ャ
絵 り 魔 ハ 活 釣 画 味 ジ 喜 読 ダ プ ー ジ 動 ム
巨 大 な 園 陶 釣 喜 味 キ 喜 書 狩 プ ダ 族 釣
ゼ み 大 魔 ル ャ 芸 芸 興 り 絶 対 狩 み 動
ゲ 活 寛 芸 ゲ ル り プ レ 絵 ゲ 真 芳 香 族
```

野心的   同一
芳香族   重要
芸術的   遅い
絶対   モダン
アクティブ 正直
巨大な   完全
エキゾチック 重い
寛大な   貴重
若い   深い
大きい   薄い

8 - Geologia

ゼ	物	ル	編	魔	高	原	写	リ	シ	み	キ	釣	味	ジ	エ
レ	読	魔	リ	グ	法	絵	溶	岩	猟	ハ	グ	ル	真	リ	
味	陶	活	ラ	グ	陶	ダ	猟	釣	ャ	火	撮	撮	法	ラ	シ
ダ	品	魔	洞	窟	書	活	真	真	山	影	園	結	晶	興	編
味	編	芸	ジ	ダ	撮	ゼ	塩	活	ハ	動	ゲ	シ	層	ラ	影
プ	魔	み	品	味	活	真	ダ	品	ャ	画	ク	写	ズ	ゲ	エ
イ	シ	レ	撮	魔	石	画	り	画	ズ	ゼ	影	魔	喜	ク	ク
ル	ミ	ハ	イ	ム	英	キ	ク	プ	エ	レ	読	編	ズ	釣	び
編	酸	ネ	み	ウ	喜	釣	エ	ク	び	撮	味	ズ	園	編	園
地	震	ラ	ラ	シ	大	陸	画	ク	真	鍾	乳	石	園	グ	絵
動	ダ	釣	み	ル	ラ	ー	コ	間	欠	泉	法	ル	絵	プ	読
画	ダ	パ	園	カ	ー	芸	ゲ	ダ	興	猟	シ	ル	園	侵	ゲ
化	物	喜	芸	エ	興	園	エ	陶	グ	リ	リ	石	筍	食	石
グ	石	シ	法	り	り	真	芸	ャ	釣	活	書	興	び	釣	編
園	ゼ	シ	リ	釣	編	法	プ	ハ	ク	ル	真	味	影	釣	読
ン	レ	狩	ハ	パ	キ	ク	ズ	芸	ラ	陶	シ	動	魔	物	読

高原	間欠泉
カルシウム	溶岩
洞窟	ミネラル
大陸	石英
コーラル	石筍
結晶	鍾乳石
侵食	地震
化石	火山

9 - Campeggio

芸ン味み園影園絵猟楽み動味山猟レ
芸りびト写み興リン絵し味ダハ絵編
キャビン品読カヌーゲズい陶レ動編影
狩猟芸テシエゲ書狩リ陶動物レ編猟
喜狩画グゲ真編ダキイレ動エム写猟
レシ品園読み法木陶物編ダ物興エハン
み魔ゼ狩魔シ味魔ゼプジム火ク画モ
レダ活ラダゼム読プ陶読シ喜み画ック
喜編帽ク撮読クプ動真撮興自然湖リ
ララ子シン喜編レみ物ム編グー地ー
味パ法味森月ロープルみ園狩ク図猟
ダジ魔魔ンシ魔品釣ダ真動ハ法動エ
昆虫園絵グク冒ー釣グ魔グャシコンエ
エエムキゼ動険動興エ書味ゲランパム
シキ魔猟狩ゼ猟編エ真品ゼレラパ興
ゼ園活活芸活ンズ画動園魔物エス興

ハンモック	帽子
動物	ロープ
冒険	楽しい
コンパス	昆虫
キャビン	地図
狩猟	自然
カヌー	テント

10 - Arti Visive

```
傑 ン ン パ み 喜 法 興 写 真 物 園 創 造 性 写
狩 作 ー 読 ラ ゲ ル ハ ャ ー 芸 喜 ぺ 書 エ エ
画 り ン ャ 猟 ダ ゼ 撮 猟 猟 鉛 筆 ー ン 構 成
ク 編 画 読 芸 ポ ー ト レ ー ト ム 動 映 撮 ハ
ゼ 編 イ 影 炭 ャ イ 法 編 み 建 築 ラ 画 み 喜
真 撮 リ 書 芸 グ 写 物 活 ム 法 グ ク ゼ ブ リ
狩 魔 編 書 ク 陶 キ 味 工 法 釣 み 動 狩 ィ ラ
絵 喜 リ 画 彫 ジ ダ ジ 影 撮 粘 書 絵 猟 テ 真
絵 画 動 ム 刻 グ 狩 影 芸 ダ 土 チ ョ ー ク 書
動 動 レ 法 画 シ 撮 釣 ル 真 ア 画 陶 ャ ぺ 写
ズ ー り ハ 写 パ ズ 喜 活 り ー 絵 ゲ 興 ス パ
園 ズ 喜 ル ダ キ 魔 撮 ー 動 テ 書 ワ ク ー ル
味 ル 品 ク ー 絵 ゲ 味 リ 芸 ィ 園 ッ 狩 パ ハ
キ ス テ ン シ ル グ 動 釣 ゼ ス 園 ク 影 リ 読
動 ニ ラ び 書 動 ャ ン ゼ グ ト 興 ス 撮 ク ー
書 ワ パ ゲ ー 絵 エ ゲ 猟 写 イ 狩 パ ゼ 園 真
```

建築	チョーク
粘土	鉛筆
アーティスト	ペン
傑作	絵画
イーゼル	パースペクティブ
ワックス	ポートレート
構成	彫刻
創造性	ステンシル
映画	ワニス
写真	

11 - Tempo

ム	プ	ー	画	パ	法	ム	影	品	時	十	年	書	法	レ	書
ャ	ゼ	喜	物	影	狩	書	ン	書	間	週	ハ	グ	法	今	園
シ	ム	活	影	イ	キ	ダ	り	ャ	ダ	狩	工	芸	味	日	読
写	陶	魔	ー	キ	活	ム	イ	魔	グ	ク	編	工	芸	ン	猟
真	ン	動	瞬	狩	イ	活	影	夜	狩	時	味	世	レ	園	魔
ゼ	喜	ム	ハ	魔	リ	活	園	喜	喜	品	計	朝	紀	法	動
び	真	撮	喜	読	読	キ	前	品	魔	味	ム	陶	真	ャ	読
通	年	ラ	カ	昨	日	画	プ	猟	法	撮	狩	ズ	書	物	読
シ	芸	真	レ	絵	リ	分	読	ハ	イ	日	魔	釣	活	法	魔
写	ゲ	狩	ン	ム	釣	ゼ	昼	釣	書	ル	月	陶	狩	ン	画
真	活	釣	ダ	園	読	ズ	ダ	ゼ	絵	書	猟	陶	物	猟	真
ゲ	猟	ジ	ー	リ	動	未	来	味	影	ゲ	ゲン	物	書	り
ゼ	後	園	活	釣	物	グ	エ	ハ	陶	シ	ハ	工	狩	魔	動
イ	ク	ハ	真	みみ	ジ	ハ	み	味	ャ	品	ク	画	ク	り
ゲ	リ	リ	活	り	書	品	ハ	り	り	ー	品	ダ	品	影	ジ
ル	真	書	ー	画	ズ	園	撮	ハ	ク	猟	影	味	ャ	ダ	写

通年	一瞬
カレンダー	今日
十年	時間
未来	時計
昨日	世紀

12 - Astronomia

```
ゲ 宇 編 ム ジ プ 陶 活 ジ イ 芸 リ イ ク 撮 ク
読 宙 撮 ラ グ ク 写 宇 宙 味 画 ロ ケ ッ ト 真
ジ 飛 リ ム び 編 ー 狩 エ ル ゼ 味 猟 ア 写 園
イ 行 超 地 球 ク 空 放 射 線 パ 園 猟 ィ 喜 味
ク 士 新 画 ク ゼ 小 ム 釣 イ キ ャ ー デ ム 法
望 座 星 喜 影 絵 影 惑 ー 興 釣 ゼ ゼ ゾ キ 狩
遠 グ 流 喜 品 園 編 釣 星 陶 ゲ 動 読 シ リ シ
鏡 園 び エ キ 春 活 プ び 絵 陶 み 月 リ 影 撮
ダ 味 書 エ 喜 分 編 リ 写 品 エ 書 読 影 プ リ
活 ゲ 撮 み 陶 狩 園 編 ゲ ダ ク ル シ 画 魔 グ
グ 影 影 ャ 星 重 法 イ ズ プ 写 写 ゼ 画 活 ゼ
芸 プ ー ル 雲 絵 パ 喜 園 興 銀 河 ゲ パ レ 猟
ジ ク パ 絵 画 興 レ 書 天 陶 陶 写 り レ 園 編
法 ズ イ 狩 惑 画 書 者 学 文 天 ゲ ャ ズ キ 活
ン り 猟 読 星 釣 猟 シ 法 台 パ 読 り キ 活 ン
ン 絵 ン 活 ゼ 法 レ ャ 園 芸 編 ャ 読 陶 ン り
```

小惑星
宇宙飛行士
天文学者
星座
春分
銀河
重力
流星
星雲

天文台
惑星
放射線
ロケット
超新星
望遠鏡
地球
宇宙
ゾディアック

13 - Algebra

グ	ル	画	喜	ダ	ズ	品	解	魔	書	真	撮	陶	ダ	エ	プ
写	ゼ	興	読	活	書	撮	み	決	ラ	リ	陶	ゼ	減	算	キ
シ	ロ	狩	キ	影	レ	撮	ー	イ	イ	エ	魔	指	ー	分	芸
活	ゲ	ダ	動	味	園	猟	グ	び	釣	書	狩	数	変	数	プ
ダ	編	真	書	無	限	撮	法	ダ	び	ラ	エ	ズ	ク	エ	ハ
マ	ト	リ	ッ	ク	ス	読	撮	画	み	ル	物	ズ	読	狩	ゲ
マ	イ	単	純	化	撮	み	喜	イ	エ	陶	ゲ	猟	み	び	写
リ	イ	ク	プ	ム	ャ	陶	ム	ャ	ー	ゼ	物	編	問	陶	真
味	読	グ	ゲ	ン	ハ	ゼ	ゲ	読	画	動	編	活	題	写	法
キ	ズ	ャ	キ	品	プ	読	狩	味	パ	ゲ	ラ	ズ	ン	影	ク
真	り	狩	ン	因	狩	品	シ	真	り	グ	味	プ	ャ	狩	ゲ
釣	プ	法	狩	魔	子	陶	味	猟	リ	ラ	線	形	番	魔	芸
物	影	味	喜	狩	芸	シ	陶	写	影	フ	ダ	レ	魔	号	品
狩	魔	ー	撮	画	図	活	パ	活	エ	釣	偽	品	方	程	式
編	イ	興	括	魔	興	び	ム	パ	ラ	ゼ	狩	真	ラ	ル	ム
ゲ	ラ	撮	弧	物	ー	み	動	シ	ン	編	エ	真	グ	和	ジ

方程式	番号
指数	括弧
因子	問題
分数	単純化
グラフ	解決
無限	減算
線形	変数
マトリックス	ゼロ

14 - Mitologia

```
伝 説 災 ラ 品 ジ ハ ズ イ 芸 ン 狩 ラ ラ リ イ
イ 編 害 ゲ 写 真 味 魔 稲 撮 ラ パ 陶 釣 法 魔
絵 び 活 書 編 撮 法 の 陶 ゲ ー タ シ 書 味 ン
シ 読 ク パ 撮 園 ゼ キ 読 嫉 タ シ 原 影 ン モ
ゼ ジ 芸 ズ 影 ダ 文 強 嫉 猟 ル プ 型 ハ ー 品
ャ 編 狩 ゼ 釣 プ 化 書 興 ー リ 活 行 動 り り
喜 グ 読 ン 芸 ハ 神 法 影 写 興 み 読 陶 イ イ
画 リ 動 ル 影 ー 々 ジ 読 読 シ 復 ク 絵 ャ シ
編 真 ビ ン ジ ハ 不 動 読 物 讐 イ ン 絵 シ
ラ 撮 リ ス プ 影 イ 死 生 き 物 喜 ゲ ル 動
戦 撮 リ 園 動 魔 喜 ヒ び イ ン 喜 ゼ ン 絵 ゼ
士 園 リ 猟 興 芸 ハ 読 ー 法 動 ゼ ズ ル ゼ び
絵 リ キ プ リ レ 書 ジ ー 口 活 グ ゼ び ゼ
プ レ 陶 リ レ 動 エ ゲ ラ 釣 ー 絵 ー プ 喜
読 園 工 撮 プ 雷 書 影 芸 真 品 釣 陶 み 成
狩 シ 芸 ジ 書 画 書 イ 写 リ ン 芸 興 魔 プ ズ
```

原型	嫉妬
行動	戦士
生き物	不死
作成	ラビリンス
文化	伝説
災害	魔法の
神々	モータル
ヒーロー	モンスター
強さ	復讐
稲妻	

15 - Piante

ハ 読 ゲ シ び ン ゲ イ 釣 植 ベ リ ー 肥 料 キ
味 影 撮 グ 興 り 画 写 芸 物 陶 ー 釣 画 真 芸
み レ ゼ 真 レ 活 魔 ゲ ク 学 ャ レ 植 ゼ 園 法
猟 り レ 庭 ゲ ジ 陶 ル 興 ハ 喜 芸 生 書 パ 絵
竹 活 撮 陶 ダ レ ン グ 味 ー 画 画 動 ル 狩 喜
品 書 り り ャ 画 パ 撮 ラ ジ 釣 品 ャ ダ レ
画 品 ラ ゲ 花 弁 シ ラ 木 園 ハ り 園 豆 ク み
書 魔 物 グ 狩 画 品 育 ル ル ジ 撮 ク ゼ エ 森
陶 ゼ び エ り プ プ っ 葉 活 ズ リ プ グ み イ
読 活 写 根 撮 ル サ ボ テ ン 草 ズ ー 編 苔 ジ
ム ズ ハ ゼ ー 真 ャ 狩 ク フ 陶 シ 花 喜 シ 影
味 品 法 ズ 喜 ジ 真 蔦 ー ロ ゲ 陶 ラ ー ク 真
キ シ ゲ 芸 パ ジ 法 ラ 喜 ー ブ ッ シ ュ り み
ハ ラ ハ ラ ゼ ゲ 興 り 猟 ラ 編 味 ン ラ キ ゲ
喜 活 編 グ キ 活 撮 興 園 真 パ ン ラ 魔 喜 み
ハ ム ン ハ 絵 ゲ 園 ー パ 猟 動 編 ャ み 芸 ゲ

ベリー	肥料
植物学	フローラ
サボテン	花弁
ブッシュ	植生
育つ	

16 - Spezie

魔 イ 興 ク バ ー 読 リ 読 レ 品 動 ゲ 影 グ ダ
絵 品 興 ジ ニ 苦 い 喜 ク ミ ン 絵 芸 写 パ 品
イ 影 品 真 ラ 園 ア 園 ショ ウ ガ り 魔 ク シ
活 活 写 味 パ リ シ ニ 動 グ 絵 ゼ グ カ ム 芸 リ
編 ハ み 陶 リ ー ナ 読 ス 猟 写 絵 喜 リ プ 玉 葱
プ 撮 芸 ダ パ 撮 モ ン 画 喜 活 品 絵 興 プ 真
ク 喜 ズ 法 書 動 ラ フ サ ズ ラ キ パ 玉 葱 真
魔 絵 ー パ シ 園 草 り ン 影 り ム リ 物 ダ ン ア リ
ニ ン ニ ク 品 ル 甘 い キ ズ シ 物 物 陶 味 ャ リ コ
撮 モ ャ 芸 ッ 陶 味 グ 物 画 パ 読 味 ャ シ
び ダ 園 ジ ム リ ハ 写 シ 読 り み ウ ョ シ コ
ハ ル ャ 法 影 グ メ ツ ナ ズ 品 ジ 園 興 興 ー ャ
ジ カ 影 ャ シ 喜 パ ー ダ 魔 み プ 画 ダ プ ャ
絵 シ ル エ ズ 読 猟 狩 タ 塩 フ ェ ン ネ ル 編 ジ
影 キ ズ 興 写 興 ダ 猟 ハ 活 撮 ダ 魔 編 陶 ジ レ
ル 動 グ 影 狩 写 ズ 編 写 品 ラ 真 品 法 レ 読

ニンニク   甘い
苦い   フェンネル
アニス   甘草
シナモン   ナツメグ
カルダモン   パプリカ
玉葱   コショウ
コリアンダー   バニラ
クミン   サフラン
ターメリック   ショウガ
カレー

17 - Numeri

四 芸 真 セ ゼ 猟 編 み 書 ゲ パ 釣 レ り パ り
プ 真 撮 ブ ロ び 絵 狩 編 絵 レ プ パ ハ 興 十
味 活 グ ン ム ダ 三 絵 撮 ハ シ パ 興 狩 九 ジ
動 十 ル テ 画 エ 画 ラ ハ 読 釣 動 物 六 十 リ
セ 魔 ダ ィ レ み 撮 興 陶 ム 画 キ イ び 撮 ー レ
ブ 園 魔 ー ャ 読 読 書 釣 絵 九 影 び 撮 ー ゼ
ン 法 写 ン ラ ダ 興 狩 絵 真 活 ャ 品 絵 撮 画
陶 撮 ク 猟 園 ジ 撮 レ 影 び 十 五 ハ リ ダ 陶 園 物
ラ 狩 影 喜 ハ 味 味 法 撮 ズ リ ル リ ラ 陶 び
ル ダ 陶 シ 陶 書 び ー ム 撮 シ キ ラ 陶 画 み
影 ゲ 影 物 ゲ イ グ グ エ 興 活 プ 編 編 画 狩
品 ダ ラ エ ゼ 狩 品 キ 十 四 小 数 魔 十 イ 読
絵 グ 狩 写 魔 キ レ ン ジ 狩 び シ 猟 二 ラ 陶 真
キ 絵 書 写 パ ズ キ 画 ル 撮 品 魔 ム ー 陶 園
ラ 読 ク ジ ゼ 真 喜 ハ ャ リ イ ン プ 十 三 イ
ク 興 ダ プ 園 み 陶 リ ジ ジ ジ 物 レ ク イ

小数　　　　　　　　　　十五
十九　　　　　　　　　　十六
セブンティーン　　　　　セブン
十八　　　　　　　　　　十三
十二　　　　　　　　　　二十
十四　　　　　　　　　　ゼロ

18 - Cioccolato

酸 プ 影 味 芸 陶 ム 陶 リ ー ン ン 真 動 ム 粉
化 り 画 ジ ツ 編 ハ イ ン 魔 絵 動 陶 シ 甘 写
防 エ キ ゾ チ ッ ク 砂 糖 影 キ 喜 園 撮 ハ い
止 絵 グ プ ゲ 狩 ナ 喜 絵 狩 園 釣 画 猟 リ 苦
剤 物 画 グ ジ 陶 ャ コ 魔 写 興 ン 香 猟 リ 活
読 法 ム ル オ 物 真 ム コ 職 人 ゲ 園 り ピ ン
エ ー リ ロ カ 工 真 真 ゼ 写 ム ゼ 入 ー 物
ダ 画 活 編 カ ラ 美 味 し い 猟 絵 り に ナ プ
画 グ 影 動 ル 狩 メ 読 活 ン 味 真 気 ッ プ
ジ エ レ ャ グ クー ル 書 真 画 陶 プ お ツ 読
渇 望 レ び ダ 法 ズ イ 成 分 書 イ グ 魔 プ ー
芸 味 シ 真 パ 真 書 品 法 活 猟 ジ 味 品 イ 狩
品 画 ピ ラ 品 ラ 物 法 書 ク 法 画 園 質 シ ン
び み ル ク ャ グ リ 味 撮 シ 味 工 味 ン 興
狩 品 写 ダ イ ダ ダ 興 キ 画 み 画 シ 編 ン 芸
ー 絵 プ パ 猟 レ 法 狩 芸 味 猟 狩 狩 活 陶 ャ

苦い	美味しい
酸化防止剤	甘い
ピーナッツ	エキゾチック
香り	成分
職人	ココナッツ
渇望	お気に入り
カカオ	品質
カロリー	レシピ
カラメル	砂糖

19 - Immigrazione

グン陶ム書ズ釣締パエ狩喜芸資ム読
子ゼル物物エレ撮めジ承プキ金シゲび
読供ゼ法文品ー陶活切認書調達喜園ゼ
品ャ達リ書ハウジンぐり解決達ゼン味
りりラズりャ釣真パジグ園書絵ゼリゲ
陶ジラり興クン法芸ンク芸キ園写法味リ
処理する魔シ喜園びプ園パび写律ゲ品
ム撮読ムグル真キ興ゼ味品ゲ撮影み
画交ハプ陶猟プジ編ーエゼ影み狩
管理渉言語通信ス大陶レシジム影写
撮写りーー活グト人釣エ活魔び写り
写保護レグ書法レル動パリ画真り写ゲ
ズリク写パみ芸ス絵ハズゲ陶ン影喜ジ
ムー物エキゲ狩活ゼ写真書味書喜状況
ジ動りハ興ジ陶役員みシハイ援真ラリ状
みン写興ジ陶役員みシハイ援助リ況

大人	言語
援助	処理する
ハウジング	保護
管理	締め切り
承認	状況
子供達	解決
通信	ストレス
文書	交渉
資金調達	役員
法律	

み	安	リ	プ	法	写	オ	リ	プ	写	活	ゼ	園	書	芸	釣
園	全	グ	警	ン	ダ	ー	ク	興	真	釣	び	バ	ゲ
物	性	猟	察	真	ズ	ト	ン	写	真	法	ル	活	ス	グ
速	度	猟	撮	キ	影	バ	ス	ガ	芸	ハ	園	ル	編	活
危	魔	キ	写	ダ	イ	読	レ	園	品	ズ	地	ズ	園	ム	シ
絵	険	注	意	ク	エ	ラ	ゲ	ー	釣	ダ	狩	図	魔	狩	プ	イ	び	ゃ
パ	影	真	リ	真	ジ	イ	レ	ジ	狩	狩	動	狩	エ	イ	り
ク	レ	興	燃	料	道	セ	歩	行	者	釣	絵	ラ	影	ー
園	園	喜	園	ズ	プ	ン	芸	狩	読	興	園	ダ	ル	ム
ブ	レ	ー	キ	エ	喜	ス	魔	ク	ハ	リ	ー	ダ	ル	り
画	撮	ジ	ム	モ	ル	ゃ	ハ	画	ム	み	リ	シ	真	撮
活	陶	ラ	真	ー	レ	動	パ	エ	法	興	動	品	動	芸	車
キ	エ	リ	活	タ	ト	ン	ネ	ル	味	狩	ハ	パ	編	魔	ゲ
び	グ	イ	事	ー	影	グ	み	エ	狩	シ	書	芸	喜
り	ル	物	故	ク	読	パ	ル	読	シ	園	パ	品	ダ	シ	ゲ
読	品	魔	ー	イ	影	喜	イ	イ	交	通	ハ	リ	芸	ク	書

注意	オートバイ
バス	モーター
燃料	歩行者
ブレーキ	危険
ガレージ	警察
ガス	安全性
事故	交通
ライセンス	トンネル
地図	速度

プ オ ル 個 編 法 影 ャ 味 動 興 み ゼ り 資 プ
法 ン ル 人 ゼ ゲ 撮 ジ ゲ イ 法 リ 猟 ラ 金 喜
写 ラ 釣 味 活 通 み リ リ ム 物 味 調 パ 達 パ
書 イ 味 キ グ 信 通 み 喜 グ 猟 商 業 写 リ ム
ム ン 事 実 シ 網 ジ み 活 興 ラ キ 写 ラ 教 パ
シ 編 猟 ゼ 画 園 画 釣 釣 絵 キ 聞 ラ り 育 画
ロ ム 園 園 画 ジ グ グ 狩 影 ラ ゲ 編 写 広 エ
ル ー 魔 狩 ラ キ み 釣 み 喜 ゲ ン 園 教 告 プ
編 ル カ 物 ル ル デ 園 物 み ン 法 編 育 イ 画
喜 ラ 園 ル タ ゲ み 写 業 ム 法 園 喜 広 ン 書
知 キ ジ 釣 ン ジ デ ジ テ 界 園 レ 編 告 公 狩
り 的 ダ タ 真 芸 み 影 レ ズ レ ン り ゼ 共 写
興 芸 ン オ キ ゼ キ ズ ビ キ ン 版 エ ン ハ 真
芸 ゼ 物 ル 真 真 レ り ビ ャ ズ 興 魔 公 狩 ャ
画 法 法 味 真 喜 陶 活 読 レ ク 喜 狩 共 意 見
興 ム ル ク イ み 真 絵 味 ク グ イ ジ 意 見 ャ

商業　　　　　　　知的
通信　　　　　　　ローカル
デジタル　　　　　オンライン
教育　　　　　　　意見
事実　　　　　　　広告
資金調達　　　　　公共
写真　　　　　　　ラジオ
新聞　　　　　　　通信網
個人　　　　　　　テレビ
業界

22 - Forza e Gravità

物	一	軸	ゲ	ダ	狩	動	的	猟	ラ	釣	動	ゼ	興	画	影
編	動	編	エ	ー	カ	学	プ	ジ	距	プ	法	リ	読	ダ	響
ジ	リ	書	イ	エ	キ	品	ム	ロ	離	速	度	ゼ	キ	影	ジ
釣	ハ	り	リ	物	グ	芸	園	ハ	パ	動	魔	ゲ	キ	エ	シ
動	エ	ー	み	真	絵	プ	真	り	編	テ	キ	喜	ダ	ズ	魔
味	法	影	狩	グ	影	動	絵	み	園	喜	ィ	編	パ	レ	り
レ	ム	ゼ	パ	モ	セ	ン	タ	ー	芸	エ	惑	星	絵	編	動
リ	芸	画	ゼ	ー	ハ	ユ	味	興	リ	み	影	み	ゼ	物	魔
摩	リ	猟	活	シ	味	ニ	喜	芸	ラ	芸	拡	張	り	陶	ゼ
ラ	擦	写	喜	ョ	ハ	バ	画	猟	パ	陶	撮	味	プ	ン	動
釣	キ	書	物	ン	ル	ー	ゼ	ャ	キ	ゲ	動	撮	ャ	園	芸
絵	ル	ム	理	ン	喜	サ	ル	み	ゼ	猟	び	画	時	間	編
ズ	り	写	学	軌	ズ	ル	び	磁	プ	び	園	ク	シ	撮	グ
ン	エ	発	見	道	ダ	ン	画	書	気	ラ	真	圧	動	編	喜
ク	影	法	真	グ	み	動	び	重	さ	シ	ダ	カ	ー	陶	影
ム	猟	ダ	魔	グ	ゼ	品	狩	陶	プ	活	魔	法	猟	ゲ	み

摩擦
センター
動的
距離
拡張
物理学
影響
磁気
力学
モーション

軌道
重さ
惑星
圧力
プロパティ
発見
時間
ユニバーサル
速度

23 - Uccelli

ダ	カ	物	レ	リ	ア	鳩	り	び	書	ガ	チ	ョ	ウ	鷲	キ
ズ	読	ッ	ム	ト	ヒ	ゼ	ゲ	ダ	ム	読	ー	パ	撮	イ	動
興	品	興	コ	ノ	ル	釣	ハ	チ	み	オ	ク	園	リ	園	ジ
リ	活	パ	シ	ウ	イ	品	喜	ョ	影	オ	ズ	陶	写	キ	キ
芸	書	撮	り	コ	エ	活	品	ウ	エ	ハ	イ	撮	ー	ャ	キ
撮	り	エ	撮	パ	鷹	編	陶	興	り	シ	雀	味	ク	プ	エ
猟	陶	キ	ゼ	レ	画	ー	興	狩	味	び	絵	ダ	リ	エ	パ
イ	ゴ	編	グ	ペ	興	画	書	プ	オ	サ	ム	動	活	パ	写
ペ	ン	ギ	ン	リ	活	影	真	ジ	リ	サ	ギ	エ	品	シ	芸
ル	ミ	キ	陶	カ	品	パ	ゼ	ス	サ	エ	画	ラ	猟	ク	品
り	ラ	ダ	チ	ン	り	読	真	メ	レ	ラ	喜	シ	シ	写	び
物	フ	ズ	ー	グ	絵	園	物	物	興	編	キ	シ	び	ラ	読
興	レ	園	撮	書	ャ	ル	編	白	鳥	カ	モ	メ	び	ラ	喜
パ	ダ	シ	シ	リ	法	絵	シ	釣	ダ	絵	ゲ	卵	法	喜	写
園	画	喜	芸	シ	法	品	編	編	ム	ハ	味	物	読	写	パ
編	ゲ	喜	み	ム	ー	グ	ジ	ハ	園	ゼ	狩	ゼ	パ	グ	撮

サギ	オウム
アヒル	スズメ
コウノトリ	孔雀
白鳥	ペリカン
カッコウ	ペンギン
フラミンゴ	チキン
カモメ	ダチョウ
ガチョウ	オオハシ

24 - Giorni e Mesi

```
撮 イ カ 芸 ム 書 ャ ゲ 狩 み み 画 釣 ラ ダ り
喜 陶 影 レ 活 ン び ク 興 ン 魔 ゲ 魔 ー ゼ パ
ゲ ル 魔 動 ン ゼ 活 ハ 味 真 六 月 七 ラ 読 品
パ ル び ニ 月 レ 月 パ 曜 日 魔 ダ 週 編 ズ 品
日 曜 日 月 園 パ ー ジ 影 リ ャ 十 一 月 真 レ
曜 猟 曜 ク 狩 真 バ シ パ 絵 書 ダ り 園 り 釣
水 り 木 五 芸 年 ン 書 芸 魔 釣 絵 撮 活 プ 釣
ゼ プ 興 月 喜 イ テ ダ ャ ー ン リ 釣 ク 猟 写
法 ぜ り 土 絵 ハ プ リ 陶 み 書 ハ 画 ル ジ 味
り 喜 ャ ズ 狩 セ ル ラ 撮 プ ゼ リ 園 ャ ジ 活
ダ キ ダ ム 月 日 活 品 猟 キ り 園 写 ジ エ パ
行 ム 狩 ダ 園 曜 エ プ 真 ジ 喜 み 動 ャ パ ン
味 進 園 編 法 火 イ イ エ ハ 真 ン ー 物 ャ 味
シ 物 ゲ 味 画 影 プ ズ 写 ジ り 書 ラ 影 喜 ハ
イ 味 エ 釣 品 ン リ 金 曜 日 ラ 画 猟 法 ラ 書
ダ 狩 釣 プ 法 ゲ ル ジ 興 キ 興 動 ー ゲ ゼ ハ
```

八月	五月
エイプリル	火曜日
カレンダー	行進
日曜日	水曜日
二月	十一月
木曜日	土曜日
六月	セプテンバー
七月	金曜日
月曜日	

25 - Casa

絵プャダ天動み品リび法ジ読味動ハ
喜味窓ラ園井ゲイ暖炉ク画釣ハグム
ズ喜ズジ書狩ラ猟味パ猟編芸狩パャ
興読ー編リ猟ゲン りシ品喜画狩喜び
影品ー芸ラキ画猟物物読ラ動イシ読
レ書ダハャ真イ園シ興ゲ絵シ芸園
ャキ絵影ラン画プャ狩ダ読ク園レ喜
キ読活り品影シ庭ワハ撮ほうき動園
ク鏡絵品撮活ダハー蛇フ屋影び読写
絵釣喜書影エエ影ロ根動プリ写
イ絵書喜エ書真ェ陶撮編りク
品画レジ動絵床ドガンダ狩ゼ
猟ダレ釣撮芸物アル興スグ撮エキ
ダ猟ラ図ン絵読ーゲ釣狩味イ
狩動壁魔書キッチンプジラグャ絵ズ
園猟ー狩狩館ク狩ラ動ダ書部イハイ
                                    裏根屋ハズ

屋根裏	ドア
図書館	フェンス
部屋	蛇口
暖炉	ほうき
キッチン	天井
シャワー	ラグ
ガレージ	屋根
ランプ	

26 - Fantascienza

ロ ァ ャ 活 エ 惑 撮 グ 味 び ャ シ ム 世 界 デ
ボ ト ハ リ 動 星 ジ ハ 園 品 味 プ シ 魔 び ィ
ッ ミ 釣 興 園 リ キ 園 写 書 興 釣 ナ 画 ス ト
ト ク 写 キ 絵 ハ イ 芸 絵 画 ラ オ し 影 ピ ト
真 読 神 魔 ラ 動 真 現 写 晴 ら 狩 法 ア ー
編 陶 園 ズ 物 影 書 画 実 素 数 真 エ 味 ピ ユ
編 猟 写 陶 ャ び 的 り 籍 的 虚 狩 レ レ 活 真
編 ク ラ 真 活 影 法 な 画 キ 狩 イ ラ 法 真 ダ
陶 ー 園 影 物 物 ハ 芸 ゼ 的 写 レ ゼ 味 ダ レ
ン ゲ 銀 河 ズ ク 未 来 的 ン 釣 ラ 活 猟 レ
園 真 エ 編 ゲ 火 オ シ マ み 猟 ダ 書
イ リ ュ ー ジ ョ ン 爆 狩 動 ク プ 動 レ 編 レ
プ 物 ク 物 ゼ 品 キ 発 ク ャ 撮 ダ 書
ー イ 釣 芸 ズ ハ 技 術 ル 法 ャ 編 レ り
法 喜 ン ク 撮 ャ 芸 動 ハ 編 品 絵 物 品 絵
編 ャ ジ ジ 園 活 釣 ャ 動 パ シ 味 ゲ 味 グ

アトミック
シネマ
ディストピア
爆発
素晴らしい
未来的
銀河
イリュージョン
虚数
書籍

神秘的な
世界
オラクル
惑星
現実的
ロボット
シナリオ
技術
ユートピア

```
グ 陶 ス ク 釣 ム 編 ス 劇 場 書 ギ ズ 診 療 所
花 屋 ゼ ー リ ク 真 タ び 撮 喜 陶 ャ り エ シ
工 薬 活 レ パ イ プ ジ イ 品 編 狩 ゼ ラ 写 猟
撮 局 り 影 リ ー み ア ク み レ び ー キ リ 品
書 法 ン グ 法 品 マ ム 物 狩 工 釣 法 画 ー キ
写 ズ ズ 芸 ホ テ ル ー 活 猟 ズ 釣 猟 シ 狩 キ
パ グ 芸 撮 ジ 狩 ズ ラ ケ ハ 味 興 ー リ 空 港
読 シ 法 芸 活 物 動 物 園 ッ 活 書 店 陶 シ パ
プ 画 イ 喜 ル 図 品 銀 行 書 狩 イ 絵 ダ び 陶
ラ ダ パ ズ 真 書 イ 画 学 校 り 品 園 ダ キ 工
シ ネ マ ダ ダ 館 陶 猟 絵 イ リ レ イ 動 ゲ 影
べ 絵 ゼ 影 大 物 興 キ ャ 画 真 ャ り 狩 ゼ 工
パ ー レ 狩 学 博 ラ 魔 撮 市 工 品 法 絵 リ 影
ゼ 撮 カ シ 釣 ダ 編 工 影 場 絵 ャ 狩 リ び 陶
ゲ ズ 味 リ キ リ 喜 パ り ズ パ 味 法 喜 り ル
ゼ 活 ゲ 影 ー 真 ャ ゲ 狩 狩 ル 影 グ 物 味 影
```

空港	市場
銀行	博物館
図書館	ベーカリー
シネマ	学校
診療所	スタジアム
薬局	スーパーマーケット
花屋	劇場
ギャラリー	大学
ホテル	動物園
書店	

28 - Fattoria #1

ロ園イ真キ写一法興撮園ドダ猟リ撮
バ活興真米一活ジ狩真味ルゲ狩レび
絵興ャ釣ラりヘイレ肥料一品ダ画プ釣
ラ猟ー動クズみダ釣ャィ犬パ法ゼ
陶写影ふ蜂法書イ魔陶みフェンスハみ
活牛馬く画ング芸一物喜びジキびレ
グ猟画ら編猟読ム編ジ法イ活チびハ
パみゲは釣興び豚リム種クム読レラ
ル写釣ぎ動動読レ狩ゲ子群れク園ハ
撮影活ハ園グン猟物編動興編プレ魔
書興ー法読興味パゲジハプシ陶レレ
リー撮キ書ラジプ喜陶パム画び味書
猫りクみ水パ法真キ農業ヤグ釣品ャ
影ズクダイ活猟み品園みギラ読ダ
ル撮絵陶陶編プ興パグジ写ギリ品蜂
味影真読パグび書ハムシグりみ影蜜

農業	群れ
ロバ	蜂蜜
フィールド	チキン
ヤギ	フェンス
肥料	種子
ヘイ	ふくらはぎ

29 - Psicologia

活	味	真	レ	ム	写	り	プ	喜	覚	感	無	品	書	興	り
ゼ	書	ハ	園	ジ	品	魔	写	真	書	意	パ	絵	喜	ズ	ハ
法	魔	ハ	ン	ン	法	法	物	供	情	識	キ	園	夢	ハ	キ
レ	釣	グ	評	ー	ジ	エ	子	物	の	法	読	イ	び	キ	ズ
活	法	狩	価	釣	ジ	書	書	物	ズ	レ	園	プ	エ	画	編
絵	ー	ー	狩	物	パ	ダ	園	り	芸	自	ゲ	影	味	品	品
ン	真	認	ゼ	動	ン	味	物	芸	エ	我	活	興	知	覚	覚
ハ	書	知	品	芸	狩	ジ	ダ	園	ダ	実	物	ク	デ	ア	ア
ャ	陶	行	陶	ラ	ゲ	い	味	ラ	現	ハ	問	題	イ	読	エ
エ	物	影	動	ハ	ャ	出	写	ズ	狩	ク	ア	シ	ズ	臨	び
ム	芸	イ	書	リ	ゲ	園	ラ	対	興	陶	パ	ー	芸	床	エ
活	み	書	リ	ャ	ハ	動	ズ	立	イ	ー	ズ	リ	影	真	プ
経	験	ン	撮	シ	絵	ル	思	ハ	ン	リ	書	園	真	興	撮
猟	品	影	エ	ー	画	レ	考	園	編	び	動	影	興	リ	プ
ゲ	活	ク	ク	り	芸	ハ	工	真	ク	書	ク	レ	イ	レ	プ
動	ゼ	り	キ	物	法	絵	リ	ゼ	芸	レ	イ	レ	リ		

臨床　　　　　　影響
認知　　　　　　思考
行動　　　　　　知覚
対立　　　　　　問題
自我　　　　　　現実
感情　　　　　　思い出
経験　　　　　　感覚
アイデア　　　　治療
無意識　　　　　評価
子供の頃

30 - Paesaggi

編魔オアシス滝園砂漠喜写ビジ魔品
りム編編リグりャ写陶興ムー活ン影
シグムルりゃりイ芸喜ャイチ喜り法
興ムー書ク喜活味物ー陶法喜イ編魔
法イズ芸編ム洋真一陶洞窟活ラム撮
ルパみ影キ絵海陶活ン陶クシ影喜み
りイ味ゼ法味イゼ書芸ププ魔活喜ラ
ズ法撮写味丘猟読撮影園魔み間欠泉
りル書谷影物品動写編ラ真レ氷狩ズ
魔魔りみ味ゼゲエ陶ジ活ンキ山ズみ
撮ダグみ読写動グ物イゼン狩読書
エグ法パ沼釣パシル魔シプ撮ゲ撮興
陶エ氷芸影真興キ物陶川レム物ゼン
活ダ真河グ写ズパハ活釣リゼ園書法
ツンドラジりリ魔んりラ湖画芸イ興
火山プ写編グ書ググ喜ジ島半活園興

砂漠　　　　海洋
間欠泉　　　半島
氷河　　　　ビーチ
洞窟　　　　ツンドラ
氷山　　　　火山
オアシス

31 - Energia

蒸イラゼク画法ムり芸写び真エグゲ
ズ気びャ物編影物エント口ピー品園
ダ魔味ン物ジク工環エプリ魔電プズ
び読猟みみエズグ境電子光池魔編釣
書核水素園撮グダ書ル撮ジ撮陶絵
真み撮法物ャー画真ラグ絵ャ活編
ダ園汚染園読物絵シダリラダ品イ
プ撮撮電気品パ編りエりズ品ャ
ガソリン興レ陶びン園園画写ル
り編真ジル釣熱ズ書ルグ活ャ
写ンダジ真興パ真ーダ喜陶真画
味味撮写釣び画り活ル動風レクシ
再生可能モーターゼ釣業界燃パ園
画炭素釣興絵クタービンジ猟料喜書
喜ムキ動ャプ狩イ園法り猟ハパ編
レ画味グ撮法みダデハ物猟猟ジパ編

環境	光子
電池	水素
ガソリン	業界
炭素	汚染
燃料	モーター
ディーゼル	再生可能
電気	タービン
電子	蒸気
エントロピー	

```
ラ ン チ 氷 ン り 狩 物 エ レ 喜 法 ウ 絵 み ー
狩 真 ス キ シ ル ズ 法 影 ジ 芸 絵 ェ 書 プ 飲
魔 プ ツ ー ル フ タ び ゲ ク グ ャ イ 法 魔 料
椅 子 ル ケ プ ハ 園 食 撮 ハ ゼ 陶 タ シ ハ 魔 撮
野 菜 喜 卵 り パ ク 品 パ 品 ダ ン ー プ ス レ
パ ー 芸 ズ エ エ パ 狩 園 グ パ 園 ジ 書 写 喜
ゲ ズ プ 狩 絵 魔 園 撮 動 陶 パ び 芸 ジ 味 グ
動 ゲ び 釣 真 フ サ 物 品 物 レ み 影 ク レ ハ
品 園 プ ハ ル ォ ラ クャ 喜 ン ダ ク 魚 前 狩
パ 美 キ ム 動 ー ダ り 影 影 キ ー 釣 ン 菜 影
ズ 味 影 絵 物 ク ズ 陶 ル イ エ 影 ラ 狩 画 影
真 し 水 編 真 グ シ ジ ゲ ゲ 真 芸 品 物 シ 活
品 い ス パ イ ス 編 書 書 り 画 み プ ゲ 味 リ
ク ム 物 シ キ ン リ ー み 動 グ ー ン 動 興 プ
み キ 塩 味 ム り 読 ズ ダ 法 ル 動 陶 ゼ シ 魔
ダ ダ ゲ 釣 グ 影 ン 画 キ 釣 ダ 写 ク ラ 品 パ
```

前菜	サラダ
飲料	スープ
ウェイター	ランチ
夕食	椅子
スプーン	スパイス
美味しい	ケーキ
フォーク	野菜
フルーツ	

33 - Moda

```
法 写 読 び 読 味 び 園 プ ハ グ ブ ゼ 魔 パ 絵
ク シ 味 ム 動 ル 園 ド 真 影 ズ テ リ 書 タ ボ
み 興 釣 魔 ク モ ダ ン 実 み 編 ィ ッ ー 園 魔 釣 陶
ラ 興 ャ ル ゲ 快 適 レ 真 用 猟 ク ス プ 喜 ン タ ル
編 リ シ プ ゼ 陶 エ ト ジ み 的 生 地 読 パ 喜 釣 陶
品 書 リ ト 動 読 ク ン ガ 釣 園 動 狩 味 衣 写 エ ル
猟 ャ チ ス ク テ ン ガ 画 園 撮 狩 絵 類 撮 刺
リ ム シ リ タ リ 猟 エ 読 喜 狩 レ み 撮 刺 繍
リ ー ハ マ 活 イ 猟 エ ジ リ オ イ 芸 ラ イ 影 繍
法 喜 活 ニ 魔 プ ル ナ エ 物 レ 工 魔 イ み 影 書
興 釣 み ミ 画 ン 品 工 読 り 書 喜 ラ イ 釣 書 ダ
ゼ 活 り 釣 魔 書 画 ム パ 味 ダ 物 ゼ ム プ 釣 真 写
編 シ 狩 狩 キ ズ ゲ ム ク ン 真 読 一 味 園 喜 リ ン エ
洗 練 さ れ た グ グ 法 ン プ 読 味 喜 リ ン 写
高 価 な 品 び り ハ ダ ジ 絵 絵 測 ハ ク ン 写
陶 写 リ り 書 写 陶 ム 猟 園 ャ 絵 定 編 真 エ
```

衣類
ブティック
高価な
快適
エレガント
ミニマリスト
測定
パターン
モダン
オリジナル

レース
実用的
ボタン
刺繍
洗練された
スタイル
トレンド
生地
テクスチャ

34 - L'Azienda

```
キ み 絵 収 ズ 園 ズ 真 写 革 物 イ リ ル 製 グ
読 画 芸 益 キ 画 ダ ル 新 ジ ン ス レ 品 ダ イ
ク 喜 り グ レ 評 釣 ク 的 ダ 写 ク 編 釣 編 び
シ 品 び ル 猟 撮 判 リ ジ 写 喜 ン 興 編 動 ゼ
撮 魔 園 リ 魔 賃 クラ エ シ ル レ 物 芸 進 ー 掭
陶 法 物 ム 猟 金 魔 ズ 法 影 書 シ 物 び
ゼ 真 品 写 活 真 ル ズ ィ キ 可 能 性 ダ 真 撮 芸
活 ー ダ り 芸 狩 撮 興 魔 ブ ク 味 絵 読 物 写 レ
書 活 読 影 動 絵 興 魔 喜 編 絵 グ キ 業 撮 写 ジ
陶 興 び 喜 猟 ダ キ 喜 編 読 グ ロ プ イ 界 魔 ジ
編 画 ゼ ゼ 品 パ ル ク 読 び ロ プ グ レ ズ ダ
味 絵 ー 撮 ハ り 魔 ゼ シ 狩 ー プ グ レ ズ ダ ス
ム ン ゼ ト 投 資 物 影 動 単 バ ロ リ ソ ー ス
猟 パ 画 レ 読 ム 書 釣 エ 位 ル 決 雇 用 ジ 活 み
画 キ ジ ン 品 質 猟 り ル ー り 定 写 イ ク み
狩 み 真 ド プ レ ゼ ン テ ー シ ョ ン ジ ゼ 絵
```

クリエイティブ	プロ
決定	進捗
グローバル	品質
業界	収益
革新的	評判
投資	リスク
雇用	リソース
可能性	賃金
プレゼンテーション	トレンド
製品	単位

35 - Giardino

ハ 熊 魔 法 エ 芝 生 芸 猟 活 ャ ム ゼ 土 動 雑
活 ン 手 物 動 品 真 レ 品 り 猟 ラ リ パ キ 草
影 レ モ ク ラ 書 み プ 絵 品 ハ み 絵 写 釣 魔
興 画 喜 ッ 写 狩 ダ レ イ 活 法 グ ン プ イ ブ
テ ハ 狩 プ ク 喜 レ ハ 物 味 キ 芸 び 読 ム ッ
ラ び 味 み 動 り 物 パ 喜 芸 シ ハ ズ 品 活 シ
ス エ ゲ 法 狩 池 ト ラ ゼ オ 魔 法 読 物 ュ シ
シ 喜 ク イ 読 陶 読 ャ ー 釣 ジ 読 ー チ 真 ズ
影 園 編 プ シ 喜 み ジ 魔 動 ジ 読 活 イ 花 ダ
ダ 絵 物 撮 味 ム 読 陶 動 チ ポ ー 味 ベ シ
ン イ 書 イ 絵 猟 法 芸 画 ー 編 ズ レ ル ャ リ
リ 画 ダ イ 読 陶 編 芸 真 ド 撮 ガ 狩 ベ ハ
ハ 写 イ 陶 影 物 画 写 喜 狩 動 イ フ 写 ー
ー 園 キ 撮 興 影 み 真 狩 陶 み ン ル エ イ
イ 興 ル み レ エ 味 真 喜 イ 釣 園 木 画 画
画 書 活 影 草 ン 釣 ハ 書 庭 画 書 ラ ラ 読

ハンモック
ブッシュ
雑草
オーチャード
ガレージ
シャベル
ベンチ

ポーチ
芝生
熊手
フェンス
テラス
トランポリン
ホース

36 - Riscaldamento Globale

グダ法プャ編品編クン科書ゼ絵リ魔
猟レ味律魔猟今撮プ環学ルク写ャ影
魔パ書キ園魔興ャ境者生息猟真リ編
園ゲ編キ編釣園レ味温度絵ラ画リみ
デリャ工興ハシイ代ゼ撮レゲ国画際
ャー動編ム品ル絵世陶気ゲラ絵物ジ
レジタプレ読読園ャゲ猟候ゼシ物エ
北ダン注園物ラ危機人ロムびプズネ
極シゲ意喜キリ猟喜撮シ猟び喜法ル
りイ絵画び写書品読品ダ業プ書クギ
影撮活ー芸ー撮読品パ界クク影ムー
物政府シ品撮読グり書物影シ猟絵ダ
法ーガス発達プレラ陶興活活シ園ー
猟書イ芸ムルパ喜未物法絵活ー園ズン
品びパ撮影ハ活ン来み芸真読ズイ画
みゼ真品釣画園びみハ撮ク喜活ーン

環境　　　　　政府
北極　　　　　生息地
注意　　　　　業界
気候　　　　　国際
危機　　　　　法律
データ　　　　人口
エネルギー　　科学者
未来　　　　　発達
ガス　　　　　温度
世代

37 - Frutta

影 園 読 狩 芸 書 書 パ 狩 ゼ ム 魔 物 プ 絵 猟
写 葡 絵 写 キ ド キ パ パ 猟 ク ダ ャ 品 ハ 法
ー 萄 エ 興 ウ カ 真 パ 園 イ 味 ジ 梨 撮 動 味
マ ン ゴ ー イ ボ び 動 み ヤ リ ャ 釣 狩 釣 芸
ト ッ コ リ プ ア 法 撮 ゼ ダ 動 グ 法 喜 写 エ
パ シ 影 べ グ レ グ 味 狩 品 ジ キ 写 画 味 ベ
読 活 釣 ズ ー キ 芸 び 法 ゼ レ エ 味 味 び リ
バ ナ ナ ラ ブ ラ ッ ク ベ リ ー 喜 陶 ル パ ー
梅 ジ 品 釣 キ 喜 ク ル イ 狩 興 シ 絵 レ イ 法
キ ゲ 釣 ゲ 動 ク り 撮 活 活 レ モ ン ズ シ ゲ
釣 活 ン 猟 陶 動 ャ 撮 グ プ 味 書 ズ み ナ ル
興 魔 真 ア ー ネ ク タ リ ン 編 猟 喜 ハ ッ ラ
影 品 ジ ッ 影 芸 物 ャ チ ジ エ 喜 ハ 味 プ ム
メ ロ ン プ 喜 ラ り 狩 エ ェ リ ー リ パ ル ダ
猟 喜 レ ル 絵 パ プ 釣 桃 画 リ ラ エ 読 興 絵
画 リ オ 釣 書 エ 品 編 ゲ プ 狩 ー 真 ム 画 絵

アプリコット	レモン
パイナップル	マンゴー
オレンジ	アップル
アボカド	メロン
ベリー	ブラックベリー
バナナ	ネクタリン
チェリー	パパイヤ
キウイ	葡萄
ラズベリー	

38 - Fattoria #2

```
食 喜 グ 物 び ン 編 編 レ 園 動 味 編 画 書 納
編 べ キ ゼ 狩 ズ ラ 写 ズ ト 品 物 品 キ 猟 屋
ラ ゼ 物 画 シ イ 喜 ダ ク ラ び 影 物 ム イ 法
ゼ 影 影 ク 動 影 り 味 ク 猟 ー 撮 プ 編 リ リ
キ ド ゼ 魔 動 キ 物 レ タ び ン 真 興 リ 狩 真
ツ ー ル フ り ア ヒ ル イ ー ン イ ゲ ャ 影 狩
ジ ャ エ り 芸 猟 ゲ シ 読 絵 絵 写 動 撮 影 リ
ゲ チ ム ャ ハ ン ク ル り 釣 ム 喜 ハ グ グ ゲ
コ ー ン ラ 灌 漑 び オ オ ム ギ び ズ 魔 ハ 猟
撮 オ 書 マ 牧 プ 釣 狩 書 イ 蜂 の 巣 ャ 喜 読
ク 編 ミ 興 草 喜 キ シ ゲ ゼ 猟 真 読 活 喜 画
羊 飼 い ル 地 ガ チ ョ ウ リ 品 法 ム 読 読 工
陶 子 園 興 ク レ 猟 ク 陶 法 ャ 猟 味 小 猟
び ル 物 猟 グ 物 味 ル 芸 画 動 レ 真 プ 麦 狩
ム シ グ 農 ャ ダ 読 真 ズ 芸 物 活 品 ジ 釣 エ
ー ハ グ 家 絵 編 ゲ ル キ 法 エ ン り 園 ゲ ゼ
```

子羊	灌漑
農家	ラマ
蜂の巣	ミルク
アヒル	コーン
動物	ガチョウ
食べ物	オオムギ
納屋	羊飼い
フルーツ	牧草地
オーチャード	トラクター
小麦	

39 - Verdure

書	興	プ	サ	ラ	ダ	ャ	パ	エ	ジ	エ	シ	ジ	釣	キ	ム
グ	動	び	パ	写	興	ク	ニ	ニ	玉	葱	興	ゲ	ハ	プ
園	プ	園	写	画	編	活	リ	ド	ラ	パ	り	キ	ム	ハ
リ	ほ	エ	ダ	影	キ	ム	ガ	ウ	ョ	シ	ル	画	キ	釣
り	う	ハ	猟	ク	真	狩	カ	ブ	動	喜	ン	ゼ	画	書
絵	れ	だ	ブ	ロ	ッ	コ	リ	ー	シ	絵	ー	ダ	品	絵
ル	ん	も	い	が	ゃ	じ	ロ	セ	狩	影	ゲ	グ	ャ	影
編	草	イ	ゲ	こ	ハ	イ	セ	シ	パ	ジ	興	ゼ	ズ	動
物	ズ	ハ	グ	キ	ん	じ	ん	に	キ	り	ン	パ	み	興
ア	ー	ティ	チョ	ー	ク	ゼ	プ	ノ	ジ	イ	ク	画	絵
茄	興	読	画	動	エ	シャ	ロ	ッ	ト	コ	キュ	ウ	リ
子	レ	レ	ム	真	味	狩	魔	品	ム	プ	シ	エ	プ	動	動
編	釣	ト	か	ぼ	ち	ゃ	ラ	猟	味	ャ	ゼ	ラ	ー	り
び	魔	マ	喜	ゲ	魔	ラ	ー	編	グ	パ	読	ゲ	び	絵	ダ
味	品	ト	ム	影	ラ	興	園	リ	エ	ハ	編	イ	品	ク	ジ
魔	動	イ	写	魔	ゼ	ハ	動	味	釣	ズ	ジ	喜	ダ	魔	ラ

ニンニク	エンドウ
ブロッコリー	トマト
アーティチョーク	パセリ
にんじん	カブ
キュウリ	だいこん
玉葱	エシャロット
キノコ	セロリ
サラダ	ほうれん草
茄子	ショウガ
じゃがいも	かぼちゃ

40 - Musica

```
ハ 園 ズ 魔 バ 活 活 グ ミ 画 ス シ ゼ 撮 ダ
読 ー ン エ ラ ペ オ 釣 ム ュ ラ 動 リ ズ ム バ ボ
み 画 モ 魔 ー 喜 興 グ 品 一 叙 情 的 ル カ
編 レ 調 ニ ド 園 撮 ダ レ コ ジ エ 詩 ル ル
撮 み 和 影 ッ ダ ク ク ラ シ ッ ク 法 ア ン
味 喜 影 写 ク ク 撮 ク 品 イ 法 ル パ ン ン
ハ 狩 ジ 園 園 絵 メ ロ ディー マ び 録 撮 ズ
ル ム 歌 喜 芸 真 ム 法 味 陶 ャ 猟 音 エ 芸
活 影 手 撮 ジ 狩 み 法 エ ン 園 興 写 撮 芸 影
ハ 物 芸 ー ハ リ イ リ ー 法 動 ジ ゲ 画 編 影
法 ダ ジ ジ ジ 魔 ャ ム 品 猟 画 釣 ハ 画 イ ク
ダ 興 プ レ 書 陶 喜 リ レ ズ イ ク イ リ ゲ 味
物 魔 パ 興 器 芸 物 物 喜 興 び 陶 リ シ 芸 編
法 ダ キ ハ 音 楽 家 パ レ リ ル 味 狩 画 活 影
ダ プ ラ 釣 芸 品 写 喜 ズ リ パ 絵 リ ー ン プ リ
活 テ ン ポ 歌 う ズ 画 狩 ゲ 影 撮 ム み 興 リ
```

アルバム   マイク
調和   ミュージカル
ハーモニック   音楽家
バラード   オペラ
歌手   詩的
歌う   録音
クラシック   リズム
コーラス   楽器
叙情的   テンポ
メロディー   ボーカル

41 - Barbecue

画	パ	ダ	エ	ホ	撮	撮	り	真	ラ	釣	ラ	び	キ	影	写
エ	釣	グ	リ	ル	ッ	エ	興	撮	ン	ゲ	真	リ	ル	音	狩
パ	レ	写	エ	喜	リ	ト	キ	ン	猟	ゼ	ル	喜	ラ	書	楽
び	影	ズ	ク	狩	ラ	マ	猟	喜	釣	み	ャ	玉	ね	ぎ	り
リ	物	み	ム	飢	餓	ト	ソ	ー	ス	プ	り	ゲ	り	招	待
リ	写	活	喜	興	活	影	ク	り	真	ゲ	味	ダ	物	リ	ゲ
興	撮	興	リ	ク	動	ゲ	エ	ナ	イ	フ	プ	味	活	味	物
プ	ル	チ	キ	ン	レ	興	絵	ゼ	ン	影	ャ	興	イ	品	味
味	み	ン	シ	物	ャ	ム	魔	ダ	読	ム	び	園	ー	読	ハ
家	族	ラ	ズ	絵	ゼ	活	グ	ハ	品	ズ	真	動	タ	物	レ
パ	物	ハ	釣	ャ	真	猟	編	影	ラ	み	コ	イ	食	法	ル
食	べ	物	ー	ダ	編	夏	喜	ン	ー	ン	シ	写	書	イ	興
ハ	リ	ゲ	ン	ゲ	画	味	み	味	影	喜	ョ	絵	興	ャ	真
絵	ル	ー	ム	サ	魔	書	プ	物	ム	ハ	ウ	ャ	ク	ー	ラ
リ	シ	ム	味	ラ	陶	法	ゼ	び	絵	び	ム	ダ	ン	狩	塩
フ	ル	ー	ツ	ダ	活	リ	ル	ャ	絵	真	狩	キ	狩	興	真

ホット	グリル
夕食	サラダ
食べ物	招待
玉ねぎ	音楽
ナイフ	コショウ
飢餓	チキン
家族	トマト
フルーツ	ランチ
ゲーム	ソース

42 - Fisica

```
り 書 活 真 活 ル 影 ゲ ー 喜 エ イ 動 み 興 狩
ジ レ 芸 喜 ー ラ パ ハ ダ 味 真 り み 芸 ゲ ゼ
レ ラ グ 式 読 ゼ 写 絵 ル 法 ジ 喜 陶 パ み み
り み グ ー レ ズ 魔 ラ ー ン 魔 編 味 陶 拡 猟
影 品 興 品 ズ ャ り ジ 猟 読 書 り 陶 真 張 芸
画 物 絵 ラ 狩 撮 り び 真 周 芸 ラ 活 エ 分 リ
び ム エ エ 化 真 エ 相 ズ 波 ガ ジ 密 ン 子 電
法 魔 写 猟 学 混 ゼ 対 ラ 数 ス び 度 ジ 猟 原
絵 み 磁 気 薬 沌 味 性 ダ エ ュ ハ 速 ン キ ル
み 写 真 興 品 園 影 理 キ 読 ャ ニ 園 粒 喜 プ
写 撮 レ ク 読 物 動 論 ラ ラ 味 狩 バ び 子 興
ム キ ジ 猟 喜 撮 イ り ゲ 法 動 加 速 ー 猟 ム
ダ 読 レ パ ハ 魔 芸 画 重 撮 リ ク 編 ー サ 魔
ム プ リ キ 書 核 学 力 ゼ 動 真 狩 狩 り ル
魔 園 び ハ プ み 味 み ー 芸 ム 陶 ン び 法 び
魔 プ 法 リ 狩 陶 キ エ ハ レ 影 物 ム 品 エ 陶
```

加速	重力
原子	磁気
混沌	力学
化学薬品	分子
密度	エンジン
電子	粒子
拡張	相対性理論
周波数	ユニバーサル
ガス	速度

43 - Agronomia

り	魔	農	読	生	病	真	種	ー	び	読	水	陶	味	読	ャ
生	産	業	ゼ	態	気	画	釣	子	ー	レ	ハ	園	シ	リ	プ
狩	編	ル	ジ	学	ズ	シ	ル	品	環	グ	品	書	興	真	画
イ	影	狩	法	ク	ン	園	影	ャ	境	レ	撮	真	研	ル	ラ
ー	真	ム	法	読	有	機	侵	食	ク	プ	活	究	ク	味
レ	活	食	リ	グ	写	編	ク	エ	レ	リ	び	ク	真	釣
勉	ズ	べ	撮	画	猟	り	ズ	プ	ネ	リ	ャ	狩	編	パ	グ
レ	強	物	撮	パ	り	影	ゲ	芸	ル	園	狩	編	絵	ム	ハ
ダ	影	り	活	編	影	法	ム	キ	ギ	シ	品	成	魔	真	田
釣	園	シ	ャ	真	読	リ	ラ	ー	シ	撮	長	キ	影	舎
法	レ	読	影	り	芸	シ	ン	読	法	ム	ャ	書	ム	ゼ	工
読	み	味	法	魔	キ	ス	キ	影	芸	科	学	汚	染	ラ	園
喜	猟	興	釣	肥	編	テ	み	ハ	猟	陶	ャ	猟	り	土	動
物	パ	魔	活	工	料	ム	工	写	ク	写	動	ハ	撮	書	プ
ゼ	活	レ	び	撮	影	書	園	魔	イ	園	ハ	編	編	猟	魔
プ	イ	グ	み	ジ	ャ	ダ	狩	撮	ゼ	び	絵	パ	影	ル

農業	病気
環境	有機
食べ物	生産
成長	研究
生態学	田舎
エネルギー	科学
侵食	種子
肥料	システム
汚染	勉強

44 - Erboristeria

```
魔 真 ク パ 書 味 陶 釣 影 興 芳 香 族 フ 魔 ム
ム ゼ 読 法 ラ 園 プ 料 理 ン ズ ム 芸 ェ 庭 編
ロ グ ラ り 編 絵 画 キ 動 ゴ リ ク 緑 ン ジ 書
ク ー ディ ル マ ー ジ 写 タ ク パ 緑 シ ル 猟 写
園 ル ズ び ジ 味 キ ン ハ 猟 レ ク ハ リ ジ ャ 喜
ジ 猟 品 マ バ 興 ハ 猟 レ パ ゼ フ ラ イ ゲ イ
魔 ン イ 花 リ セ パ レ 狩 パ ジ 画 ダ 読 タ 猟
興 興 一 パ 猟 ー ラ エ シ リ グ イ 興 法 イ み
影 絵 編 味 釣 魔 ベ 編 影 真 ャ 活 物 興 ム ハ
ラ 物 ム 園 ク ニ ン ニ 品 ゼ 芸 ク 芸 活 キ エ
撮 グ 活 品 ル み ダ 品 質 真 ク 編 書 ハ ン ル
パ エ 読 成 写 シ ー ジ 撮 芸 ル 読 グ 絵 パ ト
オ ズ 編 分 ダ 興 キ 編 ラ 味 ダ グ 影 り ミ ゲ
み レ ゲ 画 写 園 興 編 ハ ル ゲ 興 み ン ト
読 パ ガ ル ム ー 活 動 リ ダ 法 編 パ 猟
絵 ラ 釣 ノ 魔 リ 品 撮 ダ 絵 パ ダ 活 品 ゲ
```

ニンニク	マージョラム
ディル	ミント
芳香族	オレガノ
バジル	パセリ
料理	品質
タラゴン	ローズマリー
フェンネル	タイム
成分	サフラン
ラベンダー	

45 - Biologia

```
リ 浸 画 ゼ 動 味 哺 染 ニ 真 酵 活 ゲ 動 ー ラ
影 透 イ ク エ 釣 乳 ル 色 ュ ー 素 活 猟 び 編
タ ン パ ク 質 ー 類 芸 編 体 ー 爬 虫 類 リ 進
ハ 猟 動 動 品 り び 釣 法 ダ 品 ロ 猟 撮 絵 化
編 動 法 ダ 写 読 み 芸 釣 興 狩 ャ ン ゲ ゼ プ
突 然 変 異 味 ハ ー ズ 編 レ ー み り ゼ 喜 芸
絵 ラ 芸 ー 光 合 成 ラ ン イ ジ ー リ ー 喜 読
陶 狩 魔 ハ シ 品 み ジ プ ゲ ナ チ ュ ラ ル 写
喜 シ 読 ー リ エ ー ク 真 絵 共 胚 ャ コ キ リ
ハ パ ー ハ 動 興 解 法 エ 写 生 編 ダ ハ 読 シ
品 ン ム 撮 園 動 剖 ー シ ム ン ャ 撮 興 イ ナ
ゼ ク キ ダ ャ 園 学 画 ゼ イ ズ 芸 レ 法 画 プ
ホ ル モ ン み ゃ 真 画 ラ キ ク シ 魔 ク 釣 ス
動 写 写 動 真 釣 法 み キ 法 ダ 法 り 陶 動 品
品 画 味 レ 菌 細 び 園 絵 神 写 り 園 園 び イ
猟 影 ム ャ ラ 胞 動 絵 ゼ 経 ラ 画 レ 編 動 ジ
```

解剖学	ナチュラル
細菌	神経
細胞	ニューロン
コラーゲン	ホルモン
染色体	浸透
酵素	タンパク質
進化	爬虫類
光合成	共生
哺乳類	シナプス
突然変異	

46 - Attività Commerciale

ゲ ャ 法 ム 芸 予 書 金 ハ 割 り 通 利 益 魔 シ
陶 活 猟 書 所 算 真 融 ン 引 び 貨 ル 陶 イ パ
ャ ジ ハ シ 狩 得 商 ゼ 画 ー ゲ 取 引 ダ パ 活
み ラ ダ 活 イ プ 品 動 動 味 ャ 園 法 ゼ 写 ク
ム 猟 者 釣 ル 書 興 ラ グ 興 グ 陶 写 リ 書 ゼ
ゲ 費 用 ン 狩 品 リ キ 編 ン パ 味 パ プ 真 撮
ダ 物 雇 レ 狩 ゼ ー 釣 釣 オ ン レ 画 ラ 動 ラ
り レ プ ゲ 編 影 読 書 猟 学 済 フ 写 ー 真 び
ズ 会 社 ム 狩 ム り ム 動 グ 釣 喜 経 編 み 撮
販 売 園 ン 釣 パ び パ ー り 喜 興 歴 ジ ゼ 物
お 金 喜 園 シ ラ 絵 陶 ハ ラ 興 歴 編 書 ャ 読
ゼ み 狩 猟 キ 撮 ゲ エ リ 狩 味 狩 魔 真 グ ル
ャ 動 書 店 狩 物 レ 絵 動 ゲ 投 資 キ イ ジ 撮
従 業 員 書 狩 レ 絵 書 ゼ び ル ゲ 釣 喜 グ 物
ル ラ 撮 味 物 味 エ 絵 ズ 興 写 興 イ ジ イ 読
ハ 芸 活 ー 猟 工 場 活 ダ ル パ 編 ン 喜 書 ル 撮

予算　　　　　　　利益
経歴　　　　　　　所得
費用　　　　　　　割引
雇用者　　　　　　会社
従業員　　　　　　お金
経済学　　　　　　取引
工場　　　　　　　オフィス
金融　　　　　　　通貨
投資　　　　　　　販売
商品

47 - Fiori

```
マ レ プ 読 ン 画 リ 喜 牡 動 ダ エ リ パ エ エ
グ 動 魔 編 ン 味 プ 動 丹 芸 レ 味 パ 狩 写 撮
ノ ャ 法 ゼ ひ ま わ り タ ン ポ ポ 真 物 プ ハ
リ ラ り 真 リ 園 グ 画 エ ミ プ ク ロ ー ム バ
ア り 写 法 猟 味 ハ エ ス ト ル ケ 書 メ 興 ダ
百 ム 狩 ハ イ ビ ス カ ス ジ キ 影 イ リ 釣 ン
合 グ ダ 動 ラ レ 品 品 釣 エ ゼ ダ ム ソ ャ ベ
グ び 芸 プ ズ ー ゼ 釣 び ゼ 狩 画 芸 シ ア ラ
書 ダ ャ 園 シ ン 影 ク イ 狩 プ 真 ー リ ウ 撮
ジ プ 味 園 ハ ナ チ ュ ー リ ッ プ 画 キ リ 魔
影 シ 魔 活 猟 グ チ レ ン グ 活 ム ム プ 味 び
品 釣 び ラ イ ラ ッ ク 法 蘭 釣 束 興 ク 魔 レ
園 エ り び レ 興 活 ゼ ジ ゲ 芸 花 猟 影 写 エ
ハ ム イ 陶 物 写 シ ゼ 写 エ プ 弁 リ 味 法 グ
釣 グ 活 イ ャ り 釣 絵 み 絵 弁 キ 撮 び 絵 読
撮 編 り 猟 ル 活 キ ズ キ ポ ピ ー ジ イ デ
```

タンポポ	デイジー
クチナシ	花束
ジャスミン	ポピー
百合	トケイソウ
ひまわり	牡丹
ハイビスカス	花弁
ラベンダー	プルメリア
ライラック	クローバー
マグノリア	チューリップ

48 - Ecologia

```
ゲ ナ 動 プ ハ 持 エ 園 法 イ 陶 動 キ ボ グ 画
ズ ゼ チ ル 書 続 エ リ レ 真 ム ャ 活 ラ ロ ャ
猟 動 プ ュ ン 可 コ ミ ュ ニ ティ ャ ン ー 狩
動 編 種 シ ラ 能 植 魔 多 ャ リ 真 ゲ テ バ パ
ラ 書 活 ー ル 生 パ 様 ハ 真 ソ び ィ ル 読
生 絵 シ マ ロ 猟 自 然 性 ハ ー ゼ ー ア 動 旱
存 園 真 ゼ フ 喜 シ 動 動 ラ 陶 釣 み ス 物 魃
ー 写 ゼ み キ 喜 釣 物 ャ シ 活 レ 書 ラ 相 ー
品 エ び 法 画 撮 狩 絵 喜 魔 釣 興 釣 影 ゼ
喜 撮 りゃ 動 山 パ ー ジ 猟 エ ズ グ 影 ム 芸
ン ズ 読 ズ 生 ズ 芸 ー 魔 ル レ 釣 ゲ 影 イ 味
び マ 釣 釣 息 シ シ ズ ジ 読 ゲ 園 気 候 パ 品
ー リ 興 パ 地 味 絵 ゲ 魔 編 狩 レ 狩 ラ パ 狩
プ ン イ 興 撮 味 レ エ ク ム 物 ク 植 み プ ゲ
興 ク レ 猟 動 ク 活 陶 動 ン 魔 活 陶 物 読 ャ
シ ズ ー ハ 喜 真 エ ハ レ 読 グ 活 園 プ 釣 み
```

気候	ナチュラル
コミュニティ	マーシュ
多様性	植物
動物相	リソース
フローラ	旱魃
グローバル	生存
生息地	持続可能
マリン	植生
自然	ボランティア

49 - Discipline Scientifiche

```
り 活 絵 読 シ ク 狩 ゲ 影 生 イ グ ズ 味 ゲ 植
味 法 書 絵 シ 撮 ン 動 影 理 プ 絵 レ 喜 狩 物
活 プ 味 ク 活 興 狩 天 文 学 力 熱 ゼ ン り 学
ゲ シ 化 学 物 動 興 陶 魔 古 化 味 釣 ダ 興 象
読 り ジ ク ハ ム ハ ゼ グ 考 シ 生 物 シ 絵 気
エ ゼ ゲ 絵 書 釣 パ 動 ル 味 物 ジ 芸 活 語 グ
ク イ 釣 生 態 学 パ 猟 ン 書 陶 ハ キ 興 プ 魔
解 剖 学 ジ 興 品 影 ャ 地 法 キ 陶 動 パ 学 真
レ ゼ 園 猟 活 び キ 園 動 質 ー 陶 動 ズ ャ 活
影 物 グ ズ 書 編 び 絵 シ 学 物 鉱 み 画 り 魔
編 写 ラ 喜 陶 狩 社 会 学 経 理 写 カ ズ ャ り
書 ー ム 影 ャ 釣 猟 猟 ー 神 び 心 学 パ 動 ズ
び 魔 リ 猟 影 免 疫 学 ゲ 芸 リ ー 物 ャ 動 ハ
ー ハ ム 読 ハ グ 読 写 リ ー 編 み 生 撮 写 物
影 ャ ー リ 品 ダ 魔 陶 芸 ダ ゼ ラ 生 リ 写 真
グ ゲ リ 撮 ル ン 物 ラ 物 ラ ジ 芸 興 プ 園 真
```

解剖学	免疫学
考古学	言語学
天文学	力学
生化学	気象学
生物学	鉱物学
植物学	神経学
化学	心理学
生態学	社会学
生理	熱力学
地質学	動物学

50 - Scienza

観	ゼ	リ	ー	分	味	活	び	ャ	リ	化	進	科	ム	ル	魔
ミ	察	り	釣	ー	子	粒	読	リ	事	石	書	学	釣	み	園
ネ	ム	自	キ	動	原	グ	芸	験	実	ー	者	ダ	生	猟
ラ	ー	然	仮	品	ジ	パ	み	レ	ゲ	リ	芸	法	書	物	画
ル	ン	プ	説	キ	ゲ	み	ル	魔	書	ズ	エ	動	エ	法	活
ラ	読	ン	ム	絵	ク	ズ	猟	動	絵	活	猟	真	影	レ	エ
撮	魔	品	法	ク	グ	リ	ク	リ	ジ	興	ダ	り	魔	芸	ャ
狩	品	薬	ズ	法	イ	パ	喜	ク	リ	物	法	ン	園	り	エ
物	理	学	陶	ル	ー	研	ズ	イ	ハ	編	絵	狩	活	書	真
撮	品	化	撮	み	パ	究	興	重	レ	釣	読	プ	エ	び
ク	法	写	ハ	魔	ズ	ジ	法	室	力	編	ー	ム	ク	喜	写
喜	書	編	イ	法	味	絵	動	喜	品	活	び	ダ	読	写	び
グ	撮	芸	絵	猟	撮	パ	釣	び	芸	ゲ	編	気	シ	ズ	ハ
レ	キ	芸	写	画	撮	興	興	画	編	リ	候	編	園	ン	び
デ	ー	タ	魔	写	方	ラ	真	ン	魔	び	プ	釣	動	シ	シ
ジ	興	エ	陶	び	法	リ	喜	狩	影	ャ	品	動	キ	喜	グ

原子	仮説
化学薬品	研究室
気候	方法
データ	ミネラル
実験	分子
進化	自然
事実	生物
物理学	観察
化石	粒子
重力	科学者

```
グ エ リ 絵 ラ エ ゼ 狩 ル 魔 味 写 リ 物 ム プ
喜 魔 真 ン 雨 シ 川 エ ー 絵 興 影 ン パ び 法
魔 ャ 陶 レ 芸 氷 シ ャ 狩 シ ハ 品 物 魔 書 猟
真 び 洪 猟 り 影 書 ワ 写 ゼ イ り 芸 画 リ 味
猟 読 水 ズ ム エ 喜 グ ー み 園 プ 喜 陶 リ 読
ハ 狩 芸 興 釣 運 河 ル リ 絵 ゲ 喜 キ 書 ラ 魔
絵 パ 狩 興 興 リ 影 味 ー ダ 狩 プ ダ 品 狩 ム
編 魔 ゼ 灌 漑 パ ジ ゼ 芸 湿 画 イ キ 物 喜 レ
キ り 釣 パ 魔 ル 物 絵 ゲ っ 法 ゼ プ 書 ン リ
キ 芸 絵 モ 撮 シ ク 飲 釣 た 狩 気 書 陶 動 画
絵 影 キ ン ー ケ リ ハ め 狩 ム 蒸 発 ゼ 書 り
間 欠 泉 ス 湿 度 リ 芸 雪 る 釣 レ ゲ 読 画 ダ
ク ゼ 写 ー 画 読 シ 魔 グ 園 パ 物 霜 魔 喜 ル
園 写 レ ン 品 読 読 グ ダ 法 プ ゼ び ゼ 読 読
湖 ャ イ ム 釣 キ 猟 海 洋 書 イ ム 喜 狩 陶 び
キ 編 狩 波 り 味 ャ 喜 レ 活 陶 ゼ 喜 ク 影 ム
```

洪水　　　　　　海洋
運河　　　　　　飲める
シャワー　　　　湿度
蒸発　　　　　　湿った
間欠泉　　　　　ハリケーン
灌漑　　　　　　蒸気
モンスーン

52 - Imbarcazioni

```
パ 法 み 味 ク 読 園 物 パ 湖 み カ 園 ヨ グ 法 ン
ジ 活 味 品 絵 ル 狩 み グ ー み ヌ ル ッ 画 ン 動
ア 魔 活 写 編 ャ 園 真 撮 真 エ ー ハ 活 写 シ 物
編 ン り 絵 み 法 ズ ゲ 釣 影 み プ 動 ゲ 読 書 ズ
物 り ブ カ ゼ 法 り び 海 影 ー び エ ー ズ 書 ゲ
り ブ イ ー リ ェ フ 洋 ー り ン 味 園 芸 芸 レ
び 読 ド 活 ー ム パ 物 品 り ジ 画 み 味 ー ク
海 イ エ ッ ル 撮 キ ダ マ 影 ジ 絵 ズ ゲ グ ゼ
イ イ 影 味 ク ッ ヤ カ ス ジ ン 絵 ズ ゲ グ ル
味 ン 法 川 リ ク ダ ム ト パ 編 リ 真 撮 絵 ル
ノ 芸 キ り 魔 芸 魔 キ り い 物 動 リ ハ び 画
写 ー ズ 編 パ ロ ー プ 書 か 品 リ ン プ プ グ
み ゲ テ 真 ク ハ グ 画 撮 だ 読 ム み 園 波 シ
エ 法 リ ィ セ ー ラ ー 品 潮 み ジ ゼ レ ハ 画
プ 画 イ 読 カ ズ 猟 キ ラ 品 園 ジ り ゲ ー
エ 影 グ 法 リ ル ゲ 芸 興 り 絵 釣 釣 撮 物 味
```

マスト
アンカー
ブイ
カヌー
ロープ
ドック
クルー
カヤック

セーラー
エンジン
ノーティカル
海洋
フェリー
ヨット
いかだ

53 - Chimica

```
ハ ダ 読 シ 写 み 温 性 リ カ ル ア ハ 真 釣 絵
レ ム リ ー 撮 味 度 ク び ム 陶 ト 法 園 読 エ
猟 キ ラ リ 釣 ン 陶 イ 絵 グ レ ミ 魔 ー ャ ハ
り 物 芸 イ 陶 撮 イ オ ハ び ッ イ ッ 絵 撮 ン
ャ 書 ム 動 真 影 オ ン 法 シ ク 猟 イ 編 ャ 書
プ ム 写 ハ イ レ ン 法 ゼ 猟 シ シ 法 イ ャ パ
芸 味 魔 ム キ レ ー ダ レ 活 ス ム 法 ゼ 画 レ
ク ク ジ 電 酸 核 触 媒 パ り イ ン 動 エ レ ー
釣 リ 陶 子 び 物 り 写 重 イ ク ズ び 興 ー ジ
喜 陶 プ 園 分 塩 ャ リ 読 び り グ 釣 芸 喜 猟
影 ラ キ 興 園 素 酵 品 猟 液 体 ハ ャ 喜 真 ゼ
ャ ラ び 物 写 酸 塩 陶 芸 味 編 水 素 真 味 猟
法 芸 シ 画 猟 法 読 編 ハ 画 リ ル ム 炭 プ 陶
魔 活 動 ハ キ ゲ 熱 リ 活 ゼ ャ 有 グ レ 釣 園
動 プ グ ダ キ パ ダ ラ 喜 パ 影 機 品 釣 キ 魔
活 リ 品 ダ 画 編 プ 猟 陶 画 画 写 芸 グ ダ
```

アルカリ性	水素
アトミック	イオン
炭素	液体
触媒	分子
塩素	有機
電子	酸素
酵素	重さ
ガス	温度

54 - Api

```
イ ゲ エ 絵 ー 真 味 リ ゼ 写 品 り ダ 芸 シ 活
ズ 陶 ン 興 ャ 品 興 有 益 真 猟 法 パ レ 太 活
多 様 性 群 ー 系 活 物 ン パ み ラ リ リ 陽 陶
狩 法 動 芸 れ 態 法 園 蜂 活 煙 ク エ 写 植 喜
書 花 品 び 法 生 息 地 蜜 ダ パ 狩 品 写 物 物
ワ 粉 読 リ 書 法 画 法 ダ ゼ ジ り ャ 活 猟 法
ッ ズ キ キ ズ ム 魔 み ル ハ シ 狩 パ 撮 ラ ズ
ク ゲ プ 興 真 食 狩 写 プ エ 狩 パ 真 ャ ダ 園
ス ル 写 ゼ エ ベ 芸 喜 リ 翼 編 ラ ャ プ 物 動
編 画 品 ル 昆 物 読 影 物 エ 興 ジ エ ダ 法 芸
女 王 ラ み 虫 書 魔 巣 グ 興 み エ 猟 法 パ レ
絵 書 芸 フ 芸 ハ 影 庭 ム 編 工 狩 ゲ ャ 写 パ
シ キ ン 写 ル ン 影 ジ キ ゼ 法 ャ 猟 ジ ク キ
み ゼ 芸 撮 ダ ー ゲ 箱 魔 動 ダ 狩 狩 み 書 ク
味 ダ パ び 動 ク ハ 絵 陶 画 動 み キ 画 味 味
ャ ラ キ ゲ ク 品 り 物 パ ル 編 陶 ハ ラ 読 ゲ
```

巣箱　　　　　　　　昆虫
有益　　　　　　　　蜂蜜
ワックス　　　　　　植物
食べ物　　　　　　　花粉
多様性　　　　　　　女王
生態系　　　　　　　群れ
フルーツ　　　　　　太陽
生息地

55 - Strumenti Musicali

```
ー ゲ ダ ャ 陶 猟 陶 写 ジ ゲ ャ 読 ラ マ ハ ゴ
編 び ゼ 書 真 物 写 ゼ オ ー ボ エ ゲ ン ー ン
タ ン 芸 ド 撮 フ ル ー ト ッ ゴ ァ フ ド プ グ
編 ン 喜 ラ ピ ア ノ タ バ ッ 狩 編 グ リ ー リ
ャ リ バ ム ム 喜 芸 ギ 影 ン ペ ハ 読 ン 喜 編
陶 オ ン リ り キ ズ ャ 園 狩 ジ ン 園 ゼ 陶 ダ
興 イ リ 品 ン ー ボ ン ロ ト 動 ョ ラ 動 シ ャ
ー バ マ ジ 絵 写 品 ー ェ 芸 び ー ト レ 撮
法 シ 味 パ 喜 品 ズ 活 チ 動 り 絵 陶 ム キ 編
陶 陶 狩 読 ー 影 リ 写 ャ 釣 プ び ラ ク ハ ン
写 グ 喜 画 真 影 魔 園 写 ゼ エ 活 ダ 喜 ー 絵
猟 り 法 画 ダ パ 写 リ グ ゼ 真 み 狩 物 モ 絵
園 読 キ ラ レ ハ ム 画 ゲ 撮 味 サ 影 撮 ニ 読
芸 影 写 書 ハ び パ エ 釣 撮 グ ッ 活 ゲ カ み
ク ラ リ ネ ッ ト 写 活 シ 品 パ ク 動 ジ 釣 ラ
グ 品 グ プ パ ー カ ッ シ ョ ン ス 魔 ゲ リ 真
```

ハーモニカ	オーボエ
ハープ	パーカッション
バンジョー	ピアノ
ギター	サックス
クラリネット	タンバリン
ファゴット	ドラム
フルート	トランペット
ゴング	トロンボーン
マンドリン	バイオリン
マリンバ	チェロ

56 - Professioni #2

動撮ゲリパラみークりクパーー真イ
歯医者レシイレ真ラ読司医法陶影ラ
クズ読ムズンロ品ム絵書師庭一真ス
芸ジイ園エダ園ッ猟絵ルキゼイト
宇ャ外編クラレト物狩書書クーレ
宙ー科ャキ味読動物学者ンジ芸ー
飛ナ医活魔レエイ編発物画家編タ
行リ品猟読ズ興パ読明陶ジ味真ー
士スプ読パグ狩ン芸者学語言品写
ズト物物グ読動ラ調哲学者究研喜
ャエエンジニアー活リ査写学狩ャイ
シ物ム魔撮興プキ陶喜一員物撮ズ
園ム絵魔書法動ル画読ンャ生先狩芸
プラプびムジルレズダパ陶ズズ活
ジ動ダズク法グンみ狩ハム読興編絵
キクラエ画編ハグ猟喜編猟喜パ味エ

宇宙飛行士	エンジニア
司書	先生
生物学者	発明者
外科医	調査員
歯医者	言語学者
哲学者	医師
写真家	パイロット
庭師	画家
ジャーナリスト	研究者
イラストレーター	動物学者

57 - Letteratura

```
読 ダ シ 画 陶 ジ ン イ 物 猟 画 興 り 詩 的 分
説 明 ラ ズ 陶 ク 物 び 読 園 ル ス パ 陶 ゼ 析
伝 グ ル 韻 ダ 著 者 ジ ラ プ 法 法 タ 品 レ 芸
記 ン 陶 品 り 陶 ラ ン パ 猟 書 影 イ グ ル 画
芸 猟 真 パ エ 活 園 ン 画 ル び 魔 ル ン ー み
キ パ プ ム 写 キ 園 味 撮 イ 撮 写 り ジ ャ 狩
テ ー ゲ レ グ リ ズ ム 陶 味 喜 比 魔 魔 書 喜
ー ゲ レ グ リ ズ ム 陶 味 喜 比 魔 魔 書 興 釣
マ イ 物 法 ゲ ン シ ン 撮 釣 絵 び 芸 編 魔 書
書 パ 画 芸 動 ン 喜 意 見 リ 小 キ ハ ャ 書 興
シ ラ 編 書 物 画 イ 推 り 説 味 詩 物 対 話 絵
写 釣 り ン 品 類 推 り 悲 劇 喜 ラ ム シ 画 逸
ャ 法 レ 写 魔 魔 レ 書 活 ゲ 魔 猟 動 真 釣 シ
ラ リ 味 法 ー プ 興 ゲ パ 興 パ ル ン 釣 ク プ
キ 物 読 ル ゲ ル ャ 喜 絵 レ 物 ー ン び 結 釣
園 書 キ ズ 活 ズ レ ー ラ 芸 釣 ル 陶 喜 論 真
```

分析
類推
逸話
著者
伝記
結論
比較
説明
対話

ジャンル
比喩
意見
詩的
リズム
小説
スタイル
テーマ
悲劇

58 - Cibo #2

```
ア 画 イ 物 ー グ プ チ キ ン ム リ イ ハ ダ 活
ッ チ 活 り 動 グ 活 ャ イ ム 絵 書 芸 興 園 び
プ ョ リ 狩 写 猟 陶 り プ プ 動 釣 ク 陶 ム 興
ル コ ズ ャ コ 卵 釣 パ ン 陶 ハ パ 興 編 絵
法 レ 絵 影 物 ノ 写 喜 釣 ン ク 狩 品 リ ダ ク
グ ー 書 葡 書 キ 書 グ 影 り 読 真 ラ 味 レ ズ
ル ト ト 萄 ウ ク ゼ 魚 猟 書 キ び 猟 み 物
ハ グ マ 活 読 イ エ リ 釣 リ ル プ 活 シ 味 書
ダ 影 ト ム 影 ラ 茄 び キ 陶 リ ハ 真 ゼ ー 狩
撮 活 エ エ び ム ー 子 編 ゼ 影 イ 写 喜 リ 米
画 物 真 撮 ズ 陶 興 ャ バ ナ ナ シ 芸 画 コ 動
味 真 味 グ ゲ ジ 芸 エ 興 み ハ 書 画 リ ッ ダ
ル 芸 ハ ダ ゼ 小 ラ キ エ 陶 ム 味 イ セ ロ リ
品 物 ジ 編 ム 麦 編 ル 味 チ 芸 ゲ 法 ズ ブ グ
画 エ グ ョ ー グ ル ト み ゲ ー リ ェ チ 陶 法
動 び 法 釣 ゲ 画 活 芸 真 クー ズ レ 活 パ プ
```

バナナ	茄子
ブロッコリー	パン
チェリー	チキン
チョコレート	トマト
チーズ	ハム
キノコ	セロリ
小麦	葡萄
キウイ	ヨーグルト
アップル	

59 - Nutrizione

```
レ イ 編 品 元 気 品 法 み カ 写 グ 真 写 狩 ズ
毒 芸 パ 撮 キ 喜 イ 質 ジ ロ ダ 陶 動 興 パ 陶
狩 素 画 ル 猟 魔 ズ ク 栄 リ プ シ エ み 重 さ
炭 水 化 物 ラ 釣 ゲ パ 養 ー グ ャ ラ 猟 み 活
味 り 消 興 ー み 真 ン 素 ハ ゼ み 陶 ャ 物 リ
写 キ ダ ル ズ ビ び タ プ ル ー ジ ク り 喜 影
猟 エ 編 釣 画 タ 味 興 ー 発 ズ ス パ イ ス ク
ム ー 撮 ダ ル ミ 物 プ プ 酵 ク ー 動 レ 釣 動
ダ イ エ ッ ト ン ダ プ 絵 狩 芸 ソ エ 写 味 動
撮 ラ ラ パ 活 ル 園 ャ 猟 ム ダ シ 味 味 キ 読
バ 活 影 味 ル ー 影 エ エ 陶 ゲ エ 動 キ ゲ エ
芸 ラ 興 ー レ 喜 釣 動 み グ 液 真 書 物 シ キ
び 写 ン ジ 苦 ジ み 芸 ハ 品 体 魔 写 ク 影 影
画 用 写 ス い 画 ム 活 陶 品 ャ 影 エ リ 釣 ジ
ク 食 欲 ダ グ 陶 イ 品 ラ プ ー 魔 物 狩 味 エ
影 ラ ズ 健 康 魔 魔 活 編 ー ズ 物 園 読 狩 動
```

苦い	栄養素
食欲	重さ
バランス	タンパク質
カロリー	品質
炭水化物	ソース
食用	健康
ダイエット	元気
消化	スパイス
発酵	毒素
液体	ビタミン

60 - Matematica

法読クり書平パ半和ラ狩法分数ゼ読
動法びび写行角度径平行ジダ小レ味
陶陶ク法レ四プリ直シレ狩り法指ル
編品プシ絵辺円ャ垂グエ書動数書活
プジ陶釣ク形イ周絵り動ダ算編書一
真び書真ルダ画シ芸陶ジ写術興リ芸
ーゲシプ読魔猟味びラ魔活法ムズゲ
絵品書ラ釣ム方程式猟キびイ影ラ興
ボリューム編レ興味編ク真ゼイ動写
グりン喜シダキ読ゲパラ味周物ゼル
ゼ対ル幾何学工多り興ル味動囲りム
陶称編プ園プゲ角グ芸品画クグ絵び
ジムル魔三角形形絵レン書味法ゼズ
び陶物ズ影矩グびイプ画ラ味ダ味画
ー園ゲ書撮形品園画プゼル園写釣ダ
活猟ハグ編陶ジム書真狩グ画書イ園

角度	平行四辺形
算術	周囲
円周	垂直
小数	多角形
直径	半径
方程式	矩形
指数	対称
分数	三角形
幾何学	ボリューム
平行	

61 - Meditazione

```
一 読 画 エ 品 書 狩 動 ャ 真 ム 真 ラ 魔 観 絵
釣 パ キ 味 ム 真 編 平 姿 勢 ン 芸 エ 察 影
撮 エ レ 影 味 切 読 活 和 品 キ 感 ハ 陶 釣 画 興 写
猟 ャ 書 書 動 興 編 感 謝 喜 キ 情 園 魔 興
影 レ 明 釣 び 喜 活 教 ズ エ 狩 狩 ゲ 魔 写
影 興 快 グ 自 然 芸 ン え み 釣 キ リ パ ジ ャ
絵 グ レ 画 沈 喜 り ジ 動 陶 リ リ シ 興 思
思 芸 書 釣 黙 び 猟 真 呼 活 ク 動 ジ プ 考
い 動 陶 品 写 狩 品 吸 ル 編 興 魔 興 芸
や き ダ 編 ム 影 パ 絵 み 釣 園 影 動 読 園
り 動 グ 絵 び 魔 ダ 芸 ク パ 陶 興 音 法 品
メ 撮 撮 法 注 受 け 入 れ ゲ イ 園 ジ 楽 品
品 ン プ 注 意 猟 魔 ズ パ リ ー ャ 猟 ゲ 影
活 写 タ 意 釣 イ び ゼ グ ム リ 法 ム ゲ み
み 真 クル 芸 ャ ン 法 法 活 ゲ ム プ 影 陶
活 興 び イル 狩 物 ド パ ー ス ペ ク テ ィ ブ
```

受け入れ   動き
注意   音楽
明快   自然
思いやり   観察
感情   平和
親切   思考
感謝   姿勢
教え   パースペクティブ
メンタル   呼吸
マインド   沈黙

62 - Elettricità

ジ	ハ	ン	り	シ	ジ	正	ラ	グ	撮	ム	ズ	クル	絵	ハ
ハ	ジ	ン	芸	ソ	ケ	ッ	ト	ク	ズ	画	釣	影	池	キ	パ
み	品	ン	狩	り	ハ	ク	ダ	エ	ル	活	話	電	書	ー	ジ
電	気	技	師	エ	ラ	ェ	真	量	プ	写	陶	ハ	球	ー	ル
ダ	ル	電	編	猟	撮	ジ	シ	真	ー	魔	動	猟	読	ャ	影
芸	り	ャ	狩	影	写	ブ	喜	ハ	画	撮	物	喜	書	ク	芸
ャ	書	イ	活	画	ケ	オ	ゼ	シ	書	ズ	絵	狩	ク	み	園
ル	読	真	プ	品	物	ー	磁	石	び	法	画	法	魔	ャ	び
エ	影	書	ラ	ー	撮	ザ	ブ	エ	物	陶	ス	ト	レ	ー	ジ
動	ル	ハ	影	書	園	ー	ダ	ル	ワ	イ	発	生	器	ジ	喜
ラ	ン	プ	喜	グ	ビ	レ	テ	グ	動	び	ル	パ	画	写	イ
ム	狩	ダ	通	喜	ハ	魔	エ	ャ	芸	ラ	写	法	写	ム	パ
撮	ズ	ズ	信	真	イ	絵	イ	イ	書	ル	ム	び	喜	ム	書
ャ	釣	魔	網	ー	パ	プ	負	書	グ	興	喜	ジ	ズ	シ	釣
ャ	陶	物	書	品	キ	動	ゼ	ラ	釣	撮	ラ	動	ゲ	書	動
び	ハ	写	シ	読	狩	活	ム	み	写	ズ	レ	園	ラ	パ	び

電池 電球
ケーブル レーザー
ストレージ 磁石
電気技師 オブジェクト
電気 ソケット
ワイヤ 通信網
発生器 電話
ランプ テレビ

63 - Antiquariato

```
喜 ル グ プ レ シ ラ ゼ ラ ム 猟 喜 釣 陶 ー ル
興 ル ダ び 真 味 芸 活 影 ゼ 品 ク 画 み キ ク
キ 芸 世 調 子 興 喜 写 装 飾 家 具 ー ン リ 喜
興 ク 編 紀 プ 陶 猟 影 狩 陶 リ グ ダ エ ダ り
真 グ ー レ 動 ゼ り イ り 味 撮 プ 品 法 み 彫
ス タ イ ル 工 陶 影 り 活 グ 編 魔 質 読 法 刻
ギ み イ 編 物 ジ 喜 値 撮 ル ラ 品 ャ 狩 活 エ
編 ャ 読 び 工 み ダ 魔 ハ ー プ 読 ラ 喜 味 レ
リ エ ラ ク 影 ン 園 珍 画 キ ジ 猟 撮 び 編 ガ
影 ル エ リ ト 競 猟 し 復 興 真 陶 グ イ 品 ン
ャ ゼ イ 釣 ー グ 売 い 元 品 ゲ 法 ジ び 釣 ト
パ 画 ゼ イ ア クゃ 古 ゲ 猟 釣 ー 狩 撮 写 ル
編 工 法 ハ シ 絵 グ 編 ク 書 喜 画 プ イ ズ り
パ 陶 ゼ シ ラ 品 品 キ 投 編 数 十 年 絵 び 喜
陶 ル 魔 シ 真 イ 撮 動 資 価 格 シ コ イ ン り
オ ー セ ン ティ ック 園 芸 動 り 真 ン 魔 り
```

アート	家具
競売	コイン
オーセンティック	価格
調子	品質
数十年	復元
装飾	彫刻
エレガント	世紀
ギャラリー	スタイル
珍しい	古い
投資	

64 - Escursionismo

喜	水	絵	リ	レ	り	写	ズ	ン	画	キ	準	影	オ	陶	法
レ	り	猟	地	図	ダ	活	キ	り	み	キ	備	影	リ	シ	レ
書	書	園	園	狩	キ	真	写	興	サ	猟	味	味	エ	猟	ラ
ク	物	興	キ	味	ャ	ル	影	喜	写	ミ	石	味	ン	イ	編
ガ	野	生	ン	喜	ン	プ	写	び	真	崖	エ	味	テ	太	写
ゼ	イ	園	び	猟	プ	真	シ	ー	ャ	絵	猟	び	ー	陽	ン
編	ゼ	ド	グ	キ	パ	味	公	物	り	影	シ	品	パ	レ	ブ
ハ	ラ	ル	ム	ラ	活	陶	絵	影	園	釣	編	味	ズ	撮	ー
影	動	ー	グ	み	写	陶	気	み	イ	書	編	蚊	影	影	ツ
ダ	み	ゲ	工	品	シ	山	候	品	品	ハ	味	ズ	影	園	ャ
み	編	ゲ	グ	ダ	ゲ	猟	真	喜	芸	り	蚊	影	編	絵	絵
ゼ	キ	ー	編	ダ	動	物	喜	重	レ	ン	法	り	編	撮	ハ
ム	編	興	園	芸	法	ジ	活	い	ン	法	り	編	り	興	撮
芸	ル	自	狩	興	編	編	イ	狩	編	ム	工	釣	工	工	真
工	読	ハ	動	活	書	り	ズ	工	疲	れ	た	キ	ジ	読	法

動物
キャンプ
気候
ガイド
地図
自然
オリエンテーション
公園

重い
準備
野生
太陽
疲れた
ブーツ
サミット

```
陶 ー ズ 獣 地 質 学 者 コ 物 ゼ 絵 レ び ラ 魔 パ
ン 味 品 医 配 ハ ハ 学 撮 ー ゼ ラ シ ル ラ パ 芸
ー 釣 み パ 管 ム ジ 科 び タ チ 喜 法 狩 品 影 ジ
法 ジ 喜 画 エ ジ 園 ル ャ ン 真 陶 狩 芸 り ズ ク
書 り 喜 ム ク プ グ ゲ ハ ハ 写 物 動 ム 銀 り ゼ
ゼ 芸 ク 絵 キ 薬 影 撮 び ラ 地 味 り 行 り 興 天
ル ン 品 ズ ャ 剤 撮 者 ラ ン 図 読 ゼ 家 物 ズ 文
真 読 ー ジ シ 婦 師 絵 狩 味 製 ン 宝 石 商 り 学
芸 喜 み 写 弁 護 士 ズ プ ー 作 味 釣 興 芸 園 者
ゼ プ プ 園 看 び 真 絵 ャ 心 者 み 法 書 影 子 魔
画 品 リ 芸 イ ト び 使 心 理 真 法 り ム び ダ ジ
ン 喜 み キ キ ダ 大 書 ジ 学 工 味 ジ 踊 魔 り ル
味 陶 喜 編 ゼ ニ 園 魔 ジ ハ 書 興 り ジ 園 子 び
音 楽 家 物 イ ア ー テ ィ ス ト 書 者 魔 り ル ダ
ン ム 活 ジ 絵 ピ 影 絵 み シ 興 工 陶 物 猟 ダ び
```

コーチ	薬剤師
大使	地質学者
アーティスト	宝石商
天文学者	配管工
弁護士	看護婦
踊り子	音楽家
銀行家	ピアニスト
ハンター	心理学者
地図製作者	科学者
編集者	獣医

```
魔 地 ラ 魔 陶 一 編 レ 芸 法 大 陸 釣 シ ミ エ
芸 ル 理 ベ 移 行 キ 喜 動 興 活 興 工 狩 ネ レ
ー 芸 猟 イ 写 撮 ム 読 陶 ク 研 究 者 ラ ル 芸
陶 陶 動 書 陶 プ 品 ジ プ 影 ャ ジ 活 パ ゲ 写
ラ ダ 書 ジ 釣 水 芸 品 ム 猟 島 ゼ ル レ パ び
撮 芸 釣 ン 写 撮 リ 撮 プ 半 読 ラ り 雲 撮 ゼ
ル み 品 ゼ イ 画 ダ 編 ム ビ 活 ン 影 物 写 芸
グ り ム イ 魔 品 喜 釣 釣 喜 リ 書 雲 喜 ダ 物
物 ル み 狩 画 陶 ラ ハ リ リ 書 釣 全 釣 物 温
活 品 ン ジ 喜 ラ 品 画 動 ダ 保 芸 レ 芸 度 園
科 学 的 レ 絵 絵 狩 河 ャ ー 味 レ ン 釣 法 味
ハ 釣 写 釣 シ り 興 魔 氷 地 品 書 猟 キ 猟
喜 書 ム 撮 ハ 影 撮 編 工 形 味 ロ 画 ー 遠 征
ク ジ ラ グ グ 猟 み 環 真 リ 画 ッ 画 編 影 法
園 絵 味 ハ び 魔 書 境 法 動 画 ダ 物 影 征 味
芸 ル レ ン び イ キ シ 喜 狩 動 影 影 影 画
```

環境
ベイ
クジラ
保全
大陸
地理
氷河
移行

ミネラル
半島
研究者
ロッキー
科学的
遠征
温度
地形

67 - Libri

読	発	ャ	動	小	ジ	レ	グ	り	狩	ル	ゼ	ラ	味	編	ペ
パ	明	み	ズ	編	説	キ	み	ズ	グ	ゲ	編	文	学	ー	
ン	エ	品	動	ラ	ズ	ジ	み	パ	ゼ	ゼ	動	書	パ	ゼ	ジ
キ	ャ	ラ	ク	タ	ー	リ	ー	ト	ス	ナ	レ	ー	タ	ー	陶
喜	キ	り	品	グ	リ	イ	興	読	ラ	ン	狩	ム	グ	ク	
法	レ	魔	撮	味	シ	エ	味	イ	モ	釣	味	釣	狩	陶	
編	み	喜	魔	動	み	ラ	ピ	グ	ャ	キ	み	キ	プ	ジ	
釣	活	リ	編	シ	り	ル	ム	ッ	ユ	ハ	エ	興	写		
真	喜	び	リ	び	釣	ン	ョ	シ	ク	レ	コ	ラ	ハ	猟	
ハ	パ	り	写	陶	キ	物	画	ハ	読	陶	キ	ー	ク	動	芸
グ	エ	陶	園	猟	真	キ	グ	編	写	真	読	悲	陶	書	詩
シ	パ	法	リ	ジ	興	プ	イ	歴	史	的	者	劇	関	か	活
芸	ダ	園	ズ	書	冒	レ	二	絵	著	的	連	れ	猟		
パ	書	絵	活	喜	ダ	動	険	ゼ	重	画	影	キ	す	エ	
イ	ゲ	狩	猟	物	シ	品	猟	ズ	性	ル	魔	芸	る	プ	ク
撮	み	ゼ	び	猟	絵	ル	グ	書	ダ	レ	び	ル	写	レ	興

68 - Geografia

芸 画 パ 写 ア シ 喜 島 地 陶 動 パ ル ク ジ 絵
猟 陶 芸 シ ト 魔 ャ 領 図 猟 キ ク ゼ シ ズ 影
ジ ャ ク 絵 ラ 半 球 域 西 域 ズ ン 南 活 シ 真
レ 品 ン ク ス ジ 写 魔 び 経 度 ル 法 キ エ ラ 魔
動 イ 撮 ャ 興 ゼ 活 品 市 度 画 ジ 世 界 釣 影 ズ
真 海 工 園 ゼ 影 活 ク 読 読 ラ キ 釣 影 法 影 ム
シ ン 工 画 法 ー リ ル シン 動 編 キ 法 影 ハ 味 り
味 プ ダ ク 猟 狩 ル ル ン パ キ ズ ャ ム 興 り
プ 影 喜 ン ー イ エ ゼ ハ シ 陶 読 撮 狩 真 ル 陶 ル
味 猟 物 芸 み ハ 園 喜 ダ 興 ャ ル レ 興 真 ル 度
北 魔 真 ハ ゼ り 芸 ャ ラ 川 シ レ ダ 緯 ル 大 り
り ゼ 陶 法 プ リ ム 魔 び ー 撮 真 園 ゼ 大 陸 り シ
山 ル ズ ム ゲ ハ 書 園 グ 釣 活 キ ズ 芸 品 り シ
興 高 品 ゲ パ 子 芸 興 シ 国 ム イ 影 絵 陶 ズ キ
ャ 度 釣 ク 絵 興 午 ゼ 狩 ゲ 真 法 パ 画 ズ 魔 キ
写 プ ジ グ 影 エ ゲ 線 ゲ 芸 狩 書 ダ 味 魔 味

高度　　　　　　　　地図
アトラス　　　　　　子午線
大陸　　　　　　　　世界
半球　　　　　　　　領域
緯度　　　　　　　　地域
経度

69 - Cibo #1

活喜にレモンン読ジ魔ゲ魔品物ャル
ルンパん写リ芸び画ジン釣芸エ芸
ジュースじ喜プ園ル園興ル玉葱品ラり
バ釣ハャ園んエグー味味み活カ品ブシ
パキ釣写ング真書味リ写狩パ品みハ
ほうれん草ーエジ肉活書ル砂狩画ー
狩編パ釣ジ影魔エク味釣ー糖レンエみ
オオムギ魔猟キ影興ムリーキンゲ喜
ラ活り塩イハ味品グレイ猟ゲ撮ゲび
興ーリ読撮興品園狩パ絵ャ真味エズ
シナモンエイイ絵エ絵ン読パハイ梨
品クルミ活真活芸パ猟活陶品ケイサ狩
ミニ撮魔ズレ撮狩興影イ法釣ーラツナ
読ミンー法園びグ動ャムャハ品キみダ法
ンニト法書読動芸法ク活物りみダナ
パ味陶園リ法ハ物苺真パ画味猟法

ニンニク	ミント
バジル	オオムギ
シナモン	カブ
にんじん	ほうれん草
玉葱	ジュース
サラダ	ツナ
ミルク	ケーキ
レモン	砂糖

70 - Aeroplani

読	真	ダ	法	撮	ゲ	ク	パ	狩	法	写	園	バ	さ	り	歴
シ	釣	イ	グ	物	ラ	ン	空	ク	リ	イ	ル	高	度	画	史
品	釣	ン	ャ	ジ	活	り	キ	気	書	キ	ン	キ	ー	陶	ム
撮	真	陶	絵	ム	パ	園	陶	ャ	ゲ	猟	ル	狩	着	陸	品
狩	一	雰	品	乱	流	イ	魔	レ	ゲ	猟	狩	絵	ゲ	ダ	魔
旅	客	囲	水	素	シ	読	ロ	ダ	イ	ダ	び	ダ	書	釣	ゲ
芸	撮	気	書	エ	ン	ジ	ン	ッ	ダ	猟	猟	法	陶	シ	み
釣	ダ	ン	法	魔	り	写	ル	ト	釣	シ	び	撮	撮	ゲ	燃
味	グ	狩	パ	動	猟	ジ	び	興	狩	び	法	陶	ー	み	料
法	釣	パ	芸	釣	陶	グ	レ	画	ラ	狩	撮	撮	味	ル	画
ゼ	編	真	写	ル	動	活	方	芸	ー	影	活	ハ	ゼ	ル	シ
設	計	ダ	レ	魔	陶	パ	向	園	影	活	み	ム	ジ	釣	エ
び	物	編	芸	プ	ャ	リ	画	び	プ	ハ	み	猟	ル	芸	画
興	リ	ズ	読	品	魔	グ	園	び	ジ	書	び	建	設	プ	険
編	降	ム	写	活	ダ	狩	法	編	ダ	シ	イ	写	画	陶	冒
ン	絵	下	ダ	釣	写	釣	ャ	編	プ	画	品	ゲ	陶	険	ン

高さ
高度
空気
雰囲気
着陸
冒険
燃料
建設
設計
方向

降下
クルー
水素
エンジン
バルーン
旅客
パイロット
歴史
乱流

71 - Governo

```
釣 シ レ エ リ ー 味 エ ラ 権 民 市 り 憲 味 味
シ 興 編 ラ シ り ダ 読 み 利 ゼ 芸 ダ 法 釣 イ
書 味 ゲ ム 独 立 ム 絵 書 絵 品 ズ 読 リ ゼ ゼ
エ レ 読 政 画 画 ャ 書 ゼ 写 釣 ズ ズ ジ み み
真 り ン 治 園 書 味 イ 司 律 ズ 議 ジ ラ ズ ズ
読 芸 パ ゲ ン ー 園 ダ ラ プ 興 編 論 レ ャ ャ
活 喜 動 味 編 キ ム 真 プ 興 ゼ 平 イ 品 エ エ
真 釣 撮 ズ 品 品 ャ 園 シ ボ ル 等 ハ 品 編 編
興 園 パ 影 品 魔 ズ 状 態 狩 ハ 自 由 パ ン ダ
イ 喜 パ リ ー ダ ー 喜 猟 品 魔 ラ 法 み ダ 魔
パ 真 画 活 ル リ ハ ズ ゼ キ 画 ジ エ 味 撮 撮
グ ク エ ク 書 品 ゲ キ 猟 ハ 魔 品 物 芸 編 チ
釣 み 園 読 記 エ 真 レ 猟 パ 品 ン ス 編 ワ ワ
園 プ 国 レ 念 品 釣 写 ゼ プ ク レ ピ ー パ パ
イ 市 家 魔 碑 法 猟 り 品 釣 ズ 猟 ー チ キ リ
び 民 魔 猟 み 民 主 主 義 正 ハ 写 芸 リ ン リ
```

リーダー	独立
市民権	法律
市民	自由
憲法	記念碑
民主主義	国家
権利	政治
スピーチ	パワー
議論	シンボル
司法	状態
正義	平等

72 - Colori

```
ャ ャ り グ 撮 み ル リ 芸 興 真 動 レ 影 ズ タ
陶 イ キ 影 ン ブ ク ズ シ ム ー ク リ ム ゾ ゼ
陶 ル 影 ラ 赤 ラ 緑 プ シ シ ン ャ パ ゼ ゼ マ
読 ム 興 り ダ ッ 芸 ル 芸 紫 み 喜 猟 撮 シ グ
真 ク び 芸 釣 ク ダ ズ ラ リ ジ 喜 プ 動 ム ダ
味 ラ ム 画 活 セ 陶 み 写 黄 り 喜 撮 写 キ ラ
喜 ム ハ 動 写 ピ ハ 釣 イ 色 ラ パ ル ゼ グ 編
影 び 品 シ ア 魔 絵 ジ り 影 真 プ 品 キ ン ゼ
ム 編 編 味 撮 芸 シ イ グ 釣 ン 釣 法 グ ジ 真
絵 パ 動 茶 ャ レ ラ ク ン ュ 味 グ ジ レ 品 プ
み 品 キ 色 紺 白 い 法 フ ジ ン レ オ り み プ
活 読 レ ピ 碧 り ー 味 ゲ ー ゴ ー び 味 動 動
ク 興 法 ン 物 ジ 法 リ 画 ベ キ 魔 ゲ 動 興 動
書 影 品 ク ラ 品 魔 喜 画 狩 ク 品 ハ ン 撮 み
撮 影 狩 ラ シ ア ン 青 味 み 陶 ン ゼ レ ゲ 写
ジ み レ 写 ル パ 釣 狩 真 陶 ズ ゲ 書 ゲ 釣 動
```

オレンジ	グレー
紺碧	インジゴ
ベージュ	マゼンタ
白い	茶色
シアン	ブラック
クリムゾン	ピンク
フクシア	セピア
黄色	

73 - Bellezza

```
撮 書 魔 び ン ジ ラ ゲ シ キ シ 撮 ゲ 画 り 読
サ ー ビ ス 読 法 絵 ム ル り 陶 芸 釣 品 真 ル
影 興 ゼ 喜 ラ 陶 ム ー 画 ン ダ ル 釣 パ 芸 物
味 色 ダ ジ 撮 レ り ン 動 読 ダ ャ 狩 影 興 み
読 ル ャ み 影 化 ャ 狩 喜 品 ー ラ 品 喜 イ 喜
ン 動 香 芸 物 粧 化 法 シ ジ は さ み ッ り 興
園 ラ り 書 真 品 フ ォ ン ジ ェ ニ キ ク キ リ
レ ダ 物 ゲ ゼ ダ 釣 園 ン ス 味 キ イ イ イ 魔
ン ゲ ジ ン 陶 動 り ダ ガ パ リ 猟 り 書 マ 喜
ャ ハ プ み ャ 陶 ハ 園 レ ク シ イ ン ロ ス び
魅 読 影 影 キ ジ 法 品 エ シ み 絵 タ 紅 カ 園
カ キ ー び レ 動 法 ム ハ ン 動 優 ス ラ ャ 味
イ ダ ゼ 園 編 ム 釣 動 グ 鏡 プ 雅 ン 肌 真 興
り グ 釣 編 芸 ダ パ ン ム プ プ 写 ー 影 真 み
プ 影 活 オ イ ル ー カ 製 ー 物 陶 ャ 真 猟 ダ
喜 絵 ャ り 書 編 イ グ 品 ク パ 編 ー 撮 陶 ダ
```

化粧品	オイル
エレガント	製品
優雅	カール
魅力	口紅
はさみ	サービス
フォトジェニック	シャンプー
香り	スタイリスト
マスカラ	化粧

74 - Avventura

```
狩 ク キ イ 絵 読 書 釣 陶 編 み ン 編 味 ジ 絵
品 品 品 ジ ラ 猟 釣 撮 プ 写 品 ゼ 動 レ 写 活
友 達 魔 勇 新 着 ズ リ パ 書 ゼ ー 喜 写 ダ ズ
ズ ダ 陶 気 絵 物 絵 シ ン 園 動 ゼ 写 編 ジ リ
画 物 品 真 り ン リ 行 困 味 興 ダ 画 編 ジ グ
ン り 機 会 興 釣 芸 き 難 法 魔 陶 編 味 珍 美
び ン 絵 ジ 味 り シ 先 狩 喜 ム 編 ジ 珍 し み
書 真 法 ゼ ム ゼ ダ 芸 品 撮 び 物 さ し ハ ハ
レ キ プ キ 品 園 り パ 熱 意 読 工 喜 い ラ ラ
書 狩 シ 絵 ラ ラ 画 味 編 書 園 猟 興 安 編 編
写 法 書 影 ズ り 撮 動 準 備 興 シ 全 ル ル ー
旅 プ 法 活 読 影 ゼ 狩 み ゼ 興 ス 性 ー 撮
程 危 険 な 動 キ ナ ビ ゲ ー シ ョ ン 自 然 撮
キ 真 絵 ャ 法 グ 法 画 法 課 リ キ 動 ダ 絵
エ 猟 品 り 写 法 り み 題 猟 動 チ 絵 ジ ダ
活 写 芸 法 パ 遠 足 喜 喜 画 グ 園 り ジ ダ 撮
```

友達	珍しい
活動	旅程
美しさ	自然
チャンス	ナビゲーション
勇気	新着
行き先	機会
困難	危険な
熱意	準備
遠足	課題
喜び	安全性

75 - Oceano

エイ品書釣影撮陶影ジー編一興魔ク
ズビ園リリ興法ゼ活品ゼ真園ク猟エ
シゼ興動芸喜物読ン釣ール書ラゲシ
ルみカシり波園ャみエリ撮塩ゲゲレ
イエキ真釣動ム絵レ園ーキゲゲナズ
ハラ釣絵レ撮画喜ゲ猟味ンャプ写ラ
パみり物園カルイラうなぎリ陶ズ真嵐
読たーパこボートースポンジ陶真嵐猟
編ーパみグリジコ猟絵鮫ダ編味動猟狩
イパみイ写法活ハ影ク真撮狩ゼ釣園カ
喜興芸ジハ活ゲ喜プ撮撮ゼ味園リジク
品芸エ写法ゼゲ喜真撮狩ゼ動味リジク
品エゼゼダゲル動パゼ魚味画ル喜み
味猟芸シ活潮園絵プ画絵品猟イ釣絵編
興味芸活潮汐ンハエ動ゲ芸芸ゼり
パ園影陶汐ンハキエ動ゲ芸芸ゼり

うなぎ	クラゲ
ボート	カキ
コーラル	たこ
イルカ	リーフ
エビ	スポンジ
カニ	カメ
潮汐	ツナ

76 - Famiglia

```
ラ 活 ラ レ ム 娘 釣 法 魔 び 絵 園 ゲ 真 お み 興
書 ゲ ジ 魔 狩 ー シ レ リ ン 絵 釣 味 味 ば あ り
物 魔 ズ 活 ジ ム イ び グ 喜 エ リ ズ グ あ ち 書
ー 魔 園 ゼ 猟 絵 ル り ラ 猟 レ 園 ン パ ち ゃ 画
ャ 喜 芸 芸 シ 動 編 ゲ プ エ 興 編 ー 子 ゃ ん ゃ
ハ ハ ゲ 魔 影 動 書 味 キ 祖 び 画 ー 供 ん の ダ
み 動 ク ー ク ム 真 ハ 喜 父 叔 頃 の 品 子 キ ム
動 グ び ゲ グ パ ク 芸 み 子 興 画 キ 双 ン ル 魔
猟 ャ ル エ 祖 父 釣 プ ー 供 み 写 魔 影 釣 パ ハ
芸 物 ゼ 姉 先 方 プ ル 魔 達 い と こ 写 書 ャ 喜
ク 真 法 妹 画 の ャ 母 絵 芸 ズ シ 味 物 工 ン ゲ
妻 読 興 物 父 プ 画 叔 性 ー 興 物 品 編 画 び パ
パ ジ み 園 パ 狩 興 喜 ン プ 芸 編 ジ 動 ャ 影 ヤ
ル ハ 釣 グ り 釣 絵 編 み 撮 リ ム 兄 び 喜 ゲ ハ
芸 興 ャ シ ャ 魔 興 イ 夫 キ ャ プ 弟 喜 影 リ 喜
動 編 法 絵 ン 写 喜 り 甥 リ ゲ 物 リ 活 パ ゲ ヤ
```

祖先	母性
子供達	おばあちゃん
子供	祖父
いとこ	父方の
兄弟	姉妹
双子	叔母
子供の頃	叔父

77 - Creatività

リダ書動写法ム画ムーハキ猟シ陶み
イダび影プク自発びゲク園ゲび快発
アハルプ味活パ猟釣芸イリエ品真明
デズキル品撮釣ゼゲ読リ撮リ書物ン
インスピレーションラハジャーゲ物ジ
ア釣シパハ強度流シ活ラク陶味キジ
キグプジ直物写園動活書猟園レング
園ゲ影覚感びズ読性憑信芸レ法園
ービキゼム画書びグルり編パズ喜キ
園ジラゲカ像想法パ感グりク法法
ダョ印ー活法ダ真読画情猟シダ法ハ
絵ン象ゼ法陶写撮み興ク影興読レ
味撮喜プキンー真写興ジ法レ魔芸ハ
み劇的表真み法絵工撮み味ダンラエり
グ物術現エー芸ハリ画プエ物キラり
エ編芸キシ陶ハンイラ撮ムリズ物キ

スキル	画像
芸術的	印象
信憑性	強度
明快	直感
劇的	発明
感情	インスピレーション
表現	感覚
流動性	自発
アイデア	ビジョン
想像力	活力

78 - Veicoli

園	へ	猟	ル	自	ジ	パ	陶	書	ラ	ゲ	興	ャ	プ	レ	画
み	釣	リ	絵	転	活	ハ	画	ズ	画	み	画	シ	リ	ダ	ム
パ	ラ	陶	コ	車	急	救	飛	行	機	工	陶	狩	潜	み	品
ラ	芸	ゼ	撮	プ	法	一	品	狩	ン	レ	喜	ズ	水	品	読
ク	興	リ	ヤ	イ	タ	ト	画	ン	バ	釣	ズ	書	艦	猟	ン
撮	ズ	編	陶	ム	ー	ー	タ	ク	ラ	ト	読	ク	芸	影	読
ゲ	味	活	絵	キ	編	ボ	リ	興	ャ	プ	猟	シ	喜	シ	キ
ル	列	車	興	ダ	味	キ	芸	ャ	キ	編	撮	影	書	シ	活
プ	ダ	ロ	パ	ン	画	び	画	ェ	フ	法	影	ハ	芸	動	み
影	ダ	喜	ケ	書	喜	タ	ャ	キ	イ	釣	読	イ	絵	ハ	真
ラ	陶	み	写	ッ	喜	ト	ク	地	リ	り	陶	ラ	画	読	グ
写	画	ダ	味	り	ト	ラ	シ	下	ゼ	法	動	ン	読	陶	バ
パ	い	画	リ	ラ	ラ	シ	り	ル	鉄	絵	プ	ラ	釣	リ	法
プ	か	興	物	影	絵	ー	グ	ク	園	釣	ン	トラック	バ	レ	イ
真	だ	ャ	ハ	モ	ー	タ	ー	タ	ー	ク	ス	ズ	リ	リ	プ
法	品	ル	パ	キ	ラ	シ	園	写	ャ	陶	喜	ル	レ	イ	プ

飛行機
救急車
バス
ボート
自転車
トラック
キャラバン
ヘリコプター
地下鉄
モーター

タイヤ
ロケット
スクーター
潜水艦
タクシー
フェリー
トラクター
列車
いかだ

79 - Natura

```
読 エ イ 陶 味 侵 砂 漠 味 み 野 生 狩 グ 喜 撮
森 穏 喜 画 シ 味 食 霧 葉 書 ン び 狩 物 品 動
影 や 物 ル 雲 撮 物 撮 ン エ ー 影 リ 狩 ハ
物 か サ ン チ ア 猟 り 喜 魔 イ 釣 ズ プ 物
北 極 り 写 ャ リ 山 蜂 魔 ハ 撮 喜 ン イ ラ
グ 撮 ー ク 写 芸 釣 魔 画 猟 狩 ゲ 書 ン ー
エ レ 編 芸 リ 品 山 芸 ク 物 ラ 読 画 ル リ
絵 レ ゼ 真 ル み キ ダ 物 動 プ ャ ル び グ
園 ク パ 品 書 陶 リ ン 物 的 り 猟 び 喜 ラ
ズ 真 び 美 画 品 ン 魔 動 り 動 絵 撮 芸
グ ハ 興 ム し 編 真 興 ン ハ 狩 ー イ び
影 び 絵 エ さ 陶 シ ゼ シ 撮 釣 グ み
芸 狩 ゲ ゼ ラ 魔 真 芸 喜 書 興 プ 喜
み ゲ 興 ゲ 興 ム 真 パ 動 氷 興 川 グ
シ ェ ル タ ー 猟 陶 ト ロ ピ カ ル 撮
ゼ ダ 絵 重 要 パ ク 陶 ン ゲ 動 り 影 ゲ 絵 撮
```

動物
北極
美しさ
砂漠
動的
侵食
氷河

シェルター
サンクチュアリ
野生
穏やか
トロピカル
重要

80 - Balletto

```
振品ャ法活影ゼ読グスタイル園シり
興り絵ルリグナラ絵ダ活園キ画活猟
魔ラ付法釣読オーケストラス真プみ
編レ陶け画読レャリ猟ム影編喜味キ
味ッ品シび撮撮チルレ芸影ジン味キ
エスハびムジムス法陶バ影ラエイキ
画ン芸術的味ゲェ猟エル書編クイ真
筋パみ音芸ルラジ影リキ品ソロパハ
キ肉み楽ハダ芸陶園撮グ写魔画キ園
技術パゲイリシジみダクンみャダ喜
エゼ動興ゼズシ釣狩影ダキラ写影芸
強度ダエ活ム品ズン味ン陶猟味パレ
釣エン猟ル芸ラム品ルサーハリ影ダ
シ魔猟影拍リャグ練習ー興編ズハゼ
び作曲家手チャーダプリキ編編法イラ
表現力豊かなプムりエび撮イラ猟ラ
```

スキル	強度
拍手	レッスン
芸術的	筋肉
ソロ	音楽
バレリーナ	オーケストラ
ダンサー	練習
作曲家	リハーサル
振り付け	リズム
表現力豊かな	スタイル
ジェスチャー	技術

81 - Paesi #1

```
リ マ ー ゼ 品 シ 真 狩 絵 活 陶 フ 陶 読 品 撮
ス ビ グ 釣 イ ノ ル ウ ェ ー パ ィ ル カ ナ ダ
ペ 読 ア ル ジ ラ ブ エ ジ プ ト ン ー 品 み 活
イ 猟 ジ エ ハ 園 ク ベ ト ナ ム ラ マ 園 り 画
ン 物 ボ ラ パ ナ マ ク 猟 ラ リ ン ニ ク 陶 動
ラ グ ン ス ベ ネ ズ エ ラ パ ル ド ア 法 リ ラ
写 物 カ イ イ エ 物 法 撮 編 ダ 読 釣 興 品 ャ
活 リ ジ び り ン 動 読 写 み エ ダ リ キ 写 ゲ
活 ゼ 動 ポ み ジ ド ャ 影 パ 品 パ り ラ 動 影
レ 絵 狩 ー 影 ャ 動 活 法 活 レ 魔 ド イ ツ 動
グ 芸 ハ ラ ク 魔 ジ 動 ダ 品 読 グ ラ レ 活 グ
プ イ ク ン ゼ ン ル リ ク 喜 セ ネ エ ゼ 絵 り
ム ゼ 狩 ド リ 物 パ ジ 狩 シ 品 ネ 画 書 び 物
画 イ 味 エ キ 喜 書 モ ロ ッ コ ガ シ 動 レ 編
エ ゲ 品 読 品 猟 魔 園 リ ズ 書 ル び 活 活 品
法 画 工 喜 ゲ 品 キ 園 釣 ン 釣 ゼ リ ル ハ プ
```

ブラジル	マリ
カンボジア	モロッコ
カナダ	ノルウェー
エジプト	パナマ
フィンランド	ポーランド
ドイツ	ルーマニア
インド	セネガル
イラク	スペイン
イスラエル	ベネズエラ
リビア	ベトナム

82 - Geometria

論読編編直レシ釣編陶法ク活撮陶影イ
品理画ー径ーム釣ン高さシ釣喜対称ダグ
釣真ハ一法魔ルズ動パ魔猟撮書陶活ム
ダキキ魔次セグメント魔キり ゲ活ム
ダ猟味法ャ元法シ真芸魔物陶エび活園
角芸書ンリレシ魔狩陶ラキ園絵芸ダ割
度クハグャグ狩中方品クエ園真レラ合ク
法シグキ央方程式表狩猟レ芸円ダ行味
ハ物動キレ活央園真動猟面レ喜水平興号
エルレ真品喜写陶撮品味動番写
画喜陶計値影写理論キズ興ャ写
ゼン興り写ダびク興園み興ーエ読
ン法ムム編算物芸ゼ動理形シ味動
物ダエ芸絵真喜み角ハムプ垂写
ゲグ法ゲク影画ムムダ釣魔キ書直シ読
園魔グシ影曲線りダ撮キ書直シ読

高さ
角度
計算
曲線
直径
次元
方程式
論理
中央値
番号

水平
平行
割合
セグメント
対称
表面
理論
三角形
垂直

83 - Foresta Pluviale

```
ル 猟 法 シ ャ 自 鳥 パ 園 ラ ハ 品 キ グ 魔 画
活 ム 絵 び ダ 然 ン 法 影 ン 猟 絵 ラ 陶 ラ 物
パ 復 エ ク レ リ ラ 画 ズ 魔 書 び 味 写 先 猟
キ 活 元 リ り ハ 芸 書 写 品 リ 狩 ン 住 ム ャ
気 品 物 陶 写 狩 園 レ 動 ジ ャ ン グ ル 民 キ
画 候 画 真 ー 味 キ 読 イ ジ 植 物 リ ゲ 族 キ
狩 撮 絵 撮 び り 書 猟 虫 影 法 興 ル ゲ 絵 喜
貴 喜 プ キ ー ル 活 リ シ ジ 画 び 影 ル パ り
重 雲 尊 ー 編 喜 ゲ 撮 パ 猟 法 ャ 画 物 ン ン
キ 品 敬 コ ミ ュ ニ テ ィ ル 生 存 活 ズ ゼ イ
ゲ み ジ 猟 動 編 避 難 味 キ キ 保 ゼ み 動 法
ゼ り ク ャ ゼ 書 ダ ゲ 芸 イ グ 品 狩 魔 品 イ
び 喜 リ ル 真 興 多 び 書 ー り シ ー イ 読 グ
み 法 リ ゲ 撮 ダ 様 喜 動 リ 喜 影 芸 陶 ム 写
苔 レ 書 り 法 グ 性 品 ジ エ リ 味 味 ャ 撮 猟
哺 乳 類 生 両 画 読 種 書 グ 影 写 物 編 り 猟
```

両生類
植物
気候
コミュニティ
多様性
ジャングル
先住民族
哺乳類

自然
保存
貴重
復元
避難
尊敬
生存

84 - Edifici

魔	絵	ハ	陶	ス	み	影	絵	ス	味	影	キ	ャ	味	魔	編	
動	ル	ラ	園	ー	み	病	院	スタ	エ	学	ビ	ダ	喜	画	物	釣
シ	編	ハ	シ	パ	物	画	シ	ジ	パ	校	ン	ル	興	物	読	狩
釣	ネ	レ	ラ	ー	ワ	タ	影	ア	エ	場	キ	ル	狩	城	魔	書
味	喜	マ	グ	マ	プ	クャ	ム	ル	博	物	り	ダ	ク	釣	撮	リ
劇	納	撮	ル	ー	ラ	興	テ	ル	真	館	魔	画	撮	レ	書	
場	屋	ズ	活	ケ	シ	ン	影	釣	活	パ	エ	ラ	ジ	レ	パ	
喜	エ	ハ	グ	ッ	り	グ	味	ホ	魔	書	エ	物	ラ	ン	グ	
イ	大	ゲ	プ	ト	ン	キ	レ	テ	シ	ズ	ャ	喜	ン	シ	ジ	
キ	学	撮	り	ジ	動	グ	ー	リ	ル	芸	シ	狩	シ	パ	パ	
研	狩	動	ホ	大	使	館	パ	写	芸	ン	ゼ	活	編	品		
狩	究	エ	ス	書	物	ン	味	ゼ	魔	ジ	猟	魔	物	編		
ダ	天	室	テ	芸	写	画	イ	ゼ	ー	み	動	興	魔	法	ズ	
影	ン	文	ル	レ	写	び	書	ル	狩	陶	画	ズ	興	書		
猟	工	魔	台	レ	品	味	編	リ	釣	物	活	グ	興	書	動	
陶	狩	ラ	み	ゼ	ダ	編	動	撮	品	狩	魔	ー	喜	活	動	

大使館　　　　　　　　　　　天文台
アパート　　　　　　　　　　ホステル
キャビン　　　　　　　　　　学校
シネマ　　　　　　　　　　　スタジアム
工場　　　　　　　　　　　　スーパーマーケット
納屋　　　　　　　　　　　　劇場
ホテル　　　　　　　　　　　テント
研究室　　　　　　　　　　　タワー
博物館　　　　　　　　　　　大学
病院

85 - Malattia

```
ャ レ 書 ウ 猟 み 魔 ゼ エ 画 リ 味 び 釣 リ ク
陶 園 シ ェ ゼ レ 活 法 画 ダ ズ ン エ 喜 影 物
プ 園 ズ ル グ ン ゲ 神 経 障 害 撮 興 ジ キ リ
ゼ 品 猟 ネ 絵 物 一 興 み 動 園 ダ グ 活 ゲ イ
読 写 魔 ス 猟 狩 品 ハ プ パ プ ク 活 パ 絵 ハ
読 魔 心 臓 リ 絵 活 狩 パ シ 性 み 釣 呼 吸 器 撮
画 グ 撮 エ 読 陶 パ ラ 絵 狩 染 キ ル 芸 ジ 真
ジ ャ 魔 み ジ ゲ 法 読 法 伝 遺 伝 性 慢 興 ジ
ゲ ム り ゼ 絵 芸 一 腰 椎 写 影 ア 急 ラ 絵 ラ
ラ ゼ 陶 治 ャ エ 弱 シ 一 動 猟 ゲ レ リ イ ム
ジ ゼ 画 療 狩 動 い ム ン 画 釣 び 猟 ル 法 画
影 書 編 猟 免 ズ 喜 リ 陶 画 物 猟 シ 興 ギ 絵
ゲ 猟 芸 活 疫 狩 ル 法 キ 芸 絵 グ 真 レ レ 一
グ 症 絵 品 画 炎 狩 興 猟 イ 健 味 ゼ 体 興 陶
味 ダ 候 リ 狩 症 ダ 品 物 写 康 腹 部 喜 シ 陶
び 動 影 群 動 真 影 ル ダ プ 肺 ダ ム ル 活 ム
```

急性	遺伝
腹部	免疫
アレルギー	炎症
ウェルネス	腰椎
伝染性	神経障害
慢性	呼吸器
心臓	健康
弱い	症候群
遺伝性	治療

```
陶 チ ク 味 狩 ラ オ ス ウ び 法 真 ネ ク ゼ 真
ア イ ル ラ ン ド イ 猟 ル ク 芸 グ パ ム ハ 読
リ ハ ウ ガ ン ダ 魔 写 魔 絵 ラ ジ ー ゼ キ 芸
シ レ 陶 園 リ 釣 物 キ ン シ ズ イ ル 読 ゼ レ
狩 品 ズ ズ リ ベ リ ア ニ バ ル ア ナ ク ー 読
グ 画 喜 ン 味 グ み ム 読 興 カ 園 編 園 法 キ
イ ジ レ ャ 猟 ル ハ 影 リ イ 興 イ イ ゲ 工 味
ン 喜 び 魔 絵 工 読 日 読 ム デ ン マ ー ク メ
ド 釣 狩 動 動 写 本 影 猟 園 タ 魔 ャ リ キ シ
ネ 園 ジ グ 喜 編 興 興 味 園 ス 魔 シ ジ シ コ
シ ン ラ ム ズ ス プ 絵 影 品 キ 影 リ 芸 コ 園
ア シ ゲ 法 狩 ー パ 写 物 エ ラ パ ギ 喜 園 ャ
ピ 喜 書 み 動 ダ ン 品 ロ 写 ハ 陶 ゼ 絵 ー ン
オ 画 ル ン プ ン 写 編 イ シ エ シ ム ラ 芸 絵
チ 法 喜 リ レ イ 編 り レ 物 ア ラ 物 魔 絵 ズ
エ 味 ム 活 グ 法 り ム ナ イ ジ ェ リ ア 陶 ズ
```

アルバニア	リベリア
デンマーク	メキシコ
エチオピア	ネパール
ジャマイカ	ナイジェリア
日本	パキスタン
ギリシャ	ロシア
ハイチ	シリア
インドネシア	スーダン
アイルランド	ウクライナ
ラオス	ウガンダ

釣	味	魔	物	興	リ	品	ブ	ラ	ッ	ク	ゼ	絵	読	キ	絵
書	ダ	ド	ラ	イ	撮	真	興	エ	ャ	影	釣	エ	動	魔	猟
カ	園	ー	物	ハ	み	ラ	銀	み	元	気	動	絵	パ	陶	ゲ
ゲ	ー	読	シ	ャ	イ	ニ	ー	ブ	ロ	ン	ド	絵	狩	グ	動
狩	園	リ	パ	シ	ク	グ	レ	狩	猟	園	シ	レ	シ	プ	興
ゼ	ン	プ	ー	ジ	茶	法	グ	ジ	陶	リ	編	法	厚	い	グ
ハ	魔	イ	エ	釣	色	イ	ー	動	陶	レ	グ	魔	陶	園	り
ク	ャ	レ	り	狩	イ	写	法	ー	ダ	影	ャ	喜	絵	読	味
ズ	品	ゼ	物	法	活	り	ン	白	い	び	シ	ダ	ク	読	真
興	ク	ダ	ー	魔	ャ	ム	ダ	品	パ	画	ク	ン	ラ	編	ム
物	園	グ	み	ン	ハ	イ	芸	び	絵	ク	影	味	味	ダ	ダ
真	影	ジ	編	組	カ	真	喜	ズ	狩	動	び	芸	法	活	芸
読	絵	リ	っ	ー	ー	レ	有	猟	画	ズ	真	び	ー	ャ	パ
ハ	絵	絵	三	ゲ	ル	ル	色	真	ク	魔	ラ	禿	品	興	シ
真	味	プ	ー	猟	リ	影	ハ	ゼ	リ	活	短	動	イ	リ	動
み	園	ソ	フ	ト	活	ク	釣	絵	ラ	狩	影	い	薄	園	興

ドライ	ソフト
白い	ブラック
ブロンド	カーリー
短い	カール
有色	元気
グレー	薄い
編組	厚い
シャイニー	三つ編み
茶色	

88 - Vestiti

```
ブ フ 影 品 書 読 ダ 品 ク 園 キ シ マ ジ み コ
レ 動 ァ ラ イ ク ス 影 プ グ ー 猟 ャ 法 味 ー
ス レ ク ッ ネ 編 カ パ ラ ジ 活 芸 ジ ツ み ト
レ 物 園 手 シ 園 ー 読 ジ ン 狩 パ 物 み ブ ー
ッ プ ー 袋 ダ ョ フ ジ ャ ハ び 動 靴 ラ カ
ト ル ベ 影 撮 ツ ン ク ロ ジ ャ ケ ッ ト ス レ
陶 帽 子 ジ 猟 ク ロ プ ラ タ ン 魔 絵 グ 絵 ス ド
ャ ラ ジ エ び ズ プ 興 ー シ ズ 工 芸 ー ー 動
プ ゲ み 芸 ゼ シ エ 真 セ 狩 陶 活 書 パ グ び
リ ン サ ン ダ ル ハ イ グ ラ ズ 品 園 魔 味 エ 書
ハ ャ レ 法 ル 狩 イ 動 り リ パ ク 園 リ ラ ル
み ゃ 動 喜 書 喜 書 園 パ 影 書 園 味 書 ラ プ
法 パ ズ 絵 ズ ラ 園 動 ハ ズ 活 法 エ レ 狩 シ
動 動 絵 り ジ 真 グ 魔 芸 品 ム 読 ク キ リ ダ
ー 活 エ 芸 み グ ク ジ 写 ゼ 園 ャ 影 釣 リ ャ
ゲ 動 ム 猟 グ 法 ゲ リ 物 ダ 編 法 レ 興 ム
```

ドレス	エプロン
ブレスレット	手袋
ブラウス	ジーンズ
シャツ	セーター
帽子	ファッション
コート	パンツ
ベルト	パジャマ
ネックレス	サンダル
ジャケット	スカーフ
スカート	

89 - Attività e Tempo Libero

撮	り	み	ン	釣	び	プ	レ	ル	趣	水	味	イ	読	読	猟
サ	ー	フ	ィ	ン	ム	レ	興	ャ	味	園	泳	び	絵	み	園
興	興	品	書	ダ	芸	プ	ゃ	ゼ	釣	芸	ス	釣	旅	画	芸
ジ	プ	釣	物	ズ	活	グ	び	グ	ン	シ	ク	ボ	行	ル	フ
ー	活	り	活	ハ	撮	り	キ	バ	ス	ケ	ッ	ト	ボ	ー	ル
ム	活	編	興	レ	影	ハ	ー	ャ	グ	ジ	ラ	テ	釣	ボ	ゴ
び	ー	エ	ャ	絵	活	味	読	ダ	ン	グ	リ	ニ	魔	ー	釣
ム	喜	撮	興	パ	レ	猟	編	猟	キ	プ	ン	ス	猟	レ	魔
ズ	芸	レ	ジ	イ	編	グ	ン	ビ	イ	ダ	影	リ	活	バ	パ
撮	味	ズ	エ	芸	ー	編	陶	エ	ハ	興	画	ン	絵	野	真
撮	プ	リ	び	読	ャ	サ	ッ	カ	ー	び	写	ル	物	球	ダ
編	ア	イ	書	興	写	味	写	釣	編	キ	シ	法	法	狩	プ
活	ー	ー	リ	ク	リ	影	興	ズ	ル	ゲ	ジ	ラ	動	り	動
動	ト	魔	り	ク	法	り	魔	絵	興	ゼ	ク	び	芸	画	味
猟	り	園	喜	ャ	興	喜	書	魔	猟	動	物	キ	エ	プ	物
画	ム	興	活	ジ	ー	画	び	品	ハ	絵	狩	ク	ク	ラ	ゲ

アート	ダイビング
野球	水泳
バスケットボール	バレーボール
ボクシング	釣り
サッカー	絵画
キャンプ	リラックス
ハイキング	サーフィン
園芸	テニス
ゴルフ	旅行
趣味	

90 - Meteo

書イプキ物画猟クグ活読ン喜ドライ
釣ハ法画喜狩り芸陶編品動ジ雲影ル
ズ動イ味クキモンスーン味ン品撮ク
絵狩法園イ物撮エイダ動写クレプイ
影虹書書活ラリジプダジハ陶撮影ゲ
狩リび喜ル編影ン法釣狩ー法温度パ
ー猟竜巻書ル魔真品気候り真活真パ
編芸パ芸魔イ法書レハリケーン影芸
びグ書活びグ真編レラり読そよ風芸
興グ陶動陶芸品び稲旱魃キ動雲ゼ魔
釣興絵活写撮シ物り妻プ魔写囲真園
雷動活味陶読嵐シグ絵画ムり気魔喜
イ物ム撮極ダリ園編喜ャ編読ダキー
ズム法イ性り撮陶品り書陶影園ジび
り写ャラパ活リ園ハ喜ムズグリゼグ
画工空霧トロピカル書びゲ真ルゲ氷

ドライ	極性
雰囲気	旱魃
そよ風	温度
気候	竜巻
稲妻	トロピカル
モンスーン	ハリケーン

91 - Corpo Umano

編 シ ズ 写 釣 陶 品 ラ 喜 キ 興 ダ 顎 陶 り ク
法 編 び グ 釣 み 法 ラ 撮 リ 肌 ダ リ シ 園 芸
喜 イ 画 写 活 ャ ゼ 興 編 ル ダ ジ 品 ハ ズ シ
法 園 動 首 エ ゼ 釣 り 魔 肩 ラ 指 ル り プ 影
キ 品 ク 物 足 法 釣 キ み イ り 胃 書 絵 動 り
園 ャ リ 猟 み 読 写 レ 物 品 ダ エ 編 プ キ 影
陶 影 読 真 興 画 グ 動 み 陶 喜 画 ダ ン 陶 味
ラ ク リ み 動 ハ 影 ダ ャ 猟 法 影 ム 興 撮 ラ
興 絵 芸 陶 影 ゲ び 写 パ 読 書 ハ プ 活 ム 猟
ャ 目 写 ダ み 品 編 真 真 活 絵 膝 手 法 活 キ
心 味 画 ャ 園 ズ 品 物 ラ ゼ 真 法 エ 鼻 ダ 真
陶 臓 味 ム ロ プ キ プ エ 写 絵 グ ダ 撮 ク リ
イ 陶 耳 ン 絵 血 び 絵 ゲ ダ ズ 活 グ び び 編
顔 ャ ク レ 園 ク 喜 肘 ジ シ 法 物 ジ 書 ル び
動 び エ ン シ 魔 脳 編 頭 ル 魔 ゼ ム 物 ハ リ
法 ー ル グ ゲ 法 首 魔 画 画 パ 喜 エ ー 品 興

足首　　　　　　　　心臓

92 - Mammiferi

```
イ ル カ 撮 活 プ 狩 画 画 ジ シ 品 レ ル 編 猟 画
イ ブ 狩 画 品 プ 猫 法 書 ダ シ マ ウ マ イ 画 シ
釣 喜 陶 エ ン イ ル 興 魔 み 興 プ ク 陶 芸 シ グ
ゲ ー ゲ 読 魔 み ジ 魔 園 プ 興 法 芸 動 エ ゼ ゼ
ゲ ゲ パ 絵 物 味 犬 ー 編 鯨 び ー プ 撮 エ 味 グ
ゲ 興 み 動 園 キ 熊 ル ゲ レ 読 編 ャ 興 工 画 パ
び ゼ ラ シ ゲ レ リ ガ ム シ 喜 法 り 真 魔 撮 ム
び 味 物 味 釣 ジ 法 ン ャ 法 リ ジ 喜 猿 猟 レ コ
喜 グ ン 興 キ 写 み カ ル ン さ 画 猿 魔 猟 レ ヨ
編 パ グ 物 画 味 影 園 う さ ぎ ク レ 狐 象 ー テ
羊 ル 撮 ー 活 魔 み ル 影 ル ゼ ハ ダ パ 画 グ グ
活 法 プ 釣 法 馬 猟 写 レ ゴ ク 書 み ズ 興 狼 ル
キ ン ダ パ ゼ パ 絵 書 リ 品 ク 品 編 ズ 狼 エ
び ル ル み イ キ み キ 園 ラ 味 真 編 ル 狼 ン ル
ジ 鹿 ラ 品 編 ー レ 狩 法 ラ 読 ラ イ オ ン エ
真 レ プ 狩 芸 ン 喜 ゼ 猟 喜 プ 動 活 ハ 法 味
```

カンガルー
うさぎ
コヨーテ
イルカ
キリン

ゴリラ
ライオン
ブル
シマウマ

93 - Giardinaggio

パ	魔	シ	品	み	品	動	画	り	書	リン	喜	シ	読	エ
真	絵	パ	味	撮	ン	編	読	影	写	ジ	撮	レ	ム	ャ
釣	ハ	種	子	ル	ー	猟	ゼ	撮	芸	グ	芸	ム	パ	み
猟	シ	グ	画	ャ	釣	書	陶	釣	編	写	ゲ	喜	味	イ
ラ	花	真	物	ル	び	園	ム	喜	釣	画	ン	味	物	園
撮	画	ー	ゲ	猟	ム	花	キ	編	芸	芸	レ	物	猟	魔
陶	品	シ	真	ゲ	狩	束	び	泥	真	種	読	猟	読	ル
喜	食	用	ジ	パ	影	パ	書	喜	動	興	キ	読	品	ダ
興	写	絵	り	喜	エ	シ	品	芸	芸	葉	ズ	魔	品	ラ
ラ	真	ジ	シ	レ	キ	ル	ラ	オ	興	読	水	水	品	真
猟	堆	ー	園	土	ゾ	釣	画	ー	ロ	フ	気	分	喜	ジ
陶	真	肥	品	法	チ	イ	容	チ	ホ	ー	候	ャ	喜	ン
シ	絵	魔	陶	ゼ	ッ	芸	器	ャ	シ	ゲ	り	植	ハ	シ
興	品	写	興	動	ク	園	釣	ー	魔	ラ	パ	物	動	撮
法	ク	季	節	影	真	法	興	ド	動	プ	狩	ジ	動	ー
シ	法	真	ラ	り	撮	味	真	猟	真	撮	法	み	プ	影
											り	ル	び	ゼ

植物	オーチャード
気候	花束
食用	種子
堆肥	季節
容器	ホース
エキゾチック	水分
フローラル	

94 - Universo

目に見えるハ活銀画芸プジキ至点画
動画ら法動芸画河影ク天写雫ク囲活プ
ル狩品パ猫り体天文学編文ジ学味物
猫猫ゼリ芸画猫品小品プ魔活学味者気動品
イグリズ魔影ャリダゼ惑ム味魔興ル物ダレ読
写ダ喜び影ャズりー星画レび物編ー書釣
プ味レびり経度パ真編魔レ法真書味ゲ
ル喜び読撮真ー釣真キびシ園書らり
ゲレ読味絵撮キジ画工真撮ダ半びプ
法工経撮真イジシ興工空書球リ
興芸ハびゲ撮真プクシダ釣味半闇編ゾ
写物真真活写ミックズアィデゾラリ
緯ハゼゲ魔写喜陶望ッデラジ
ーハイル編絵写画喜猫園釣ゾラジ
ダ軸画ゲレグ月太キみ釣狩ンダり
動園地平線写陽ゼ読狩ャダり鏡

95 - Jazz

```
ン 活 動 リ 歌 グ 狩 ハ 編 イ プ 画 ジ お リ 撮
魔 読 真 画 読 絵 品 活 撮 ー 絵 喜 画 気 ャ 活
園 芸 レ 新 着 り グ 作 曲 家 動 ダ 猟 に 書 レ
ラ 味 ン リ 釣 ム ム ラ 品 味 ダ ン り 入 ジ ー
エ ャ 釣 写 グ 猟 撮 ゲ 編 動 ラ ン り 絵 リ 写
ハ イ パ プ リ 芸 プ ン 猟 ク ゲ 有 名 プ ズ 書
撮 読 編 芸 り ゼ 即 ラ キ ャ ク 影 絵 ャ ム ダ
ス 品 レ 読 ー ア グ 興 キ ダ グ び ャ ハ ラ 撮
タ 画 ラ ト ス ケ ー オ エ ク コ び 真 ラ 物 能
イ 活 狩 活 読 絵 プ テ ム ジ 真 ン 強 調 オ 写
ル 狩 法 工 拍 活 真 ク ィ 編 ダ サ 陶 真 グ 真
興 ン 狩 影 手 み ゲ 影 技 ス ゼ ー ゼ 芸 キ ジ
物 ジ ャ ン ル ダ 影 レ ゼ 術 ト ト 画 芸 写 レ
編 ム 狩 シ 撮 ク ダ 物 影 画 活 画 ズ 編 ー 猟
陶 プ び レ 構 ジ 音 楽 撮 り ア ル バ ム ジ 編
狩 編 ダ ラ 成 ダ 狩 古 い 物 み ン ラ 真 ゼ 編
```

アルバム	音楽
拍手	新着
アーティスト	オーケストラ
作曲家	お気に入り
構成	リズム
コンサート	スタイル
強調	才能
有名な	技術
ジャンル	古い
即興	

96 - Vacanze #2

```
ゲレストラン休み園喜書ル興ク魔パ
芸レャプハ品日ルクク興写イク法キ
喜法ジン地外国人シ絵交興編ゼ陶
ルマンャ図ャ狩びズハ釣通ジイ島興
ムび列キパ写味ホ猟喜ライト品影
絵エ車行撮画興テジ芸絵品狩ンイ
味ンパき釣狩ゲクシ工魔ダ狩ムイ
園味写先び真ダシみン陶品猟写喜
ハラ品写真ャ味ン編ハ品ム影エ
喜絵シ画園工喜法ーリエム狩ルプ
クク真猟ゼ空港り興ムゼ釣猟物ムイ
ザみル海読影り猟ク影クダエ狩イ喜
ビーチンゲ陶動パ狩イ法書喜ルエ
ル画ン写ジ品書ハ釣ダ写シ旅プ品
活味釣イ物画グパスポート画陶イー
ゼ活ーシゼゼ狩りンャル編レム猟ハ
```

空港	外国人
キャンプ	タクシー
行き先	レジャー
写真	テント
ホテル	交通
地図	列車
パスポート	休日
レストラン	ビザ
ビーチ	

97 - Attività

釣園み撮興リ縫ダンシングシレパ法真
陶ズ動ク喜び製撮ョグ絵ズジ活書ジャ
喜ハ魔ゼプ物イ喜ダジ編ムーゲーゲャ
物活味みズルキスキ園編イアゼパク陶
ク編喜動エズングャ絵園狩品アク真猟
読ジク絵真パグリン絵動興品イキラ写
書興味読真みャンプ動興釣品ラー読リ
法び園読パクリプエ釣びラ影喜ゼム
レ撮芸ズ興芸ゲ猟影編法キ味読グ編
動ダハ陶書ゲりラ釣パイ編活イ書喜
プラみ写り魔りみ釣読活ャり釣グ法
興動パシレみ法ゼリング釣キャパ
りダ狩活活編ンラ品ャイリ猟シ喜猟狩
動エ編キ動ラ興品エゲエク猟ク猟ズ影
活みシ読狩シ真ルズ釣芸真画編ズ法ン
パ絵ンハダ猟写真撮影品釣シ魔法ン

スキル	園芸
アート	ゲーム
工芸品	興味
活動	読書
狩猟	魔法
キャンプ	釣り
縫製	喜び
ダンシング	パズル
ハイキング	リラクゼーション
写真撮影	レジャー

98 - Diplomazia

```
ハ 絵 プ キ び 協 コ ズ 写 釣 絵 魔 プ 決 ゲ 画
正 義 キ グ 議 力 ミ び 対 立 イ 狩 キ 解 像 度
影 プ ズ ズ 論 リ ュ ハ 顧 ラ 法 魔 エ ゼ 編 絵
画 絵 条 約 書 イ ニ ン 問 ズ 猟 イ 義 写 絵 園
政 治 び 外 味 プ テ 活 芸 人 道 主 者 活 キ 法
ゲ 編 味 み 交 み ィ パ 品 法 ル ダ 釣 法 芸 エ
ジ 法 整 合 性 活 陶 パ 真 レ 活 ジ 園 レ 品 物
陶 書 パ 魔 釣 魔 シ 絵 ゼ エ 陶 園 レ 書 陶 ジ
シ 陶 み 絵 活 品 ズ プ 読 ー り び 書 シ び ャ
園 法 キ 撮 動 レ 活 活 び ゼ 魔 猟 ル 影 ム ハ
園 猟 ム ダ ハ 味 活 キ 真 撮 ラ ゲ 狩 ム ハ シ
動 編 ゼ ラ ズ 猟 み 絵 倫 陶 編 ズ 活 レ 陶 画
プ ン シ 市 民 味 イ ズ 理 物 リ ダ 読 興 陶 書
り パ ャ ビ 画 園 法 み イ ム 喜 安 全 り ク パ
リ 画 ン ル ッ 政 府 法 大 芸 ム 法 味 法 ズ キ
活 味 編 プ リ ク ン 猟 館 使 大 真 影 シ ズ キ
```

大使館　　　　　　倫理
大使　　　　　　　正義
市民　　　　　　　政府
シビック　　　　　整合性
コミュニティ　　　政治
対立　　　　　　　解像度
顧問　　　　　　　安全
協力　　　　　　　解決
外交　　　　　　　条約
議論　　　　　　　人道主義者

品 シ ム ア 喜 猟 ー 画 ア イ デ ア ジ ゲ ゼ プ
ム り 味 ク 編 狩 ダ キ 画 猟 書 ル 味 写 シ 編
猟 ハ 喜 リ 魔 絵 法 読 芸 ム シ ラ ゲ 釣 ク 味
エ 釣 シ ル 品 品 芸 ャ ラ み 真 シャ 影 動 レ ゲ
真 絵 物 リ 読 釣 び 画 ゲ 興 猟 芸 芸 釣 味 読
喜 真 ク 撮 レ グ 味 キ ム 園 狩 グ 書 真 ル ル
レ 動 味 釣 影 ー ャ 油 ダ 園 レ 書 写 興 炭 活
リ 絵 キ パ 釣 キ カ メ ラ ズ 撮 興 芸 編 物 ダ
味 ズ み 喜 の テ ー ブ ル 真 ジ ジ レ 陶 喜 ダ
消 し ゴ ム り 陶 狩 法 撮 園 ゼ ー 喜 ゲ ム 猟
喜 ダ ャ ゲ パ 色 び 真 釣 活 陶 シ 喜 レ 園 パ
パ ス テ ル び 品 ン プ イ 喜 ル 水 写 パ ハ
ゲ 猟 影 陶 イ 椅 子 ム 品 品 キ 彩 キ イ 写
ハ 喜 創 び ン ズ 鉛 ズ 喜 ブ ン 画 読 法 ー ャ
ム み エ 造 ク 芸 写 筆 ダ ラ リ 絵 書 園 ゼ 園
興 イ 興 グ 性 編 紙 ル 影 シ 粘 土 水 キ ル ジ

水彩画	インク
アクリル	鉛筆
粘土	パステル
イーゼル	椅子
のり	ブラシ
創造性	テーブル
消しゴム	カメラ
アイデア	

100 - Misurazioni

魔	び	ゼ	撮	影	影	影	画	ジ	法	高	シ	釣	絵	釣	セ
動	写	ク	ジ	り	活	り	び	み	パ	品	さ	活	分	度	ン
ジ	パ	園	ク	り	ゃ	味	法	幅	イ	編	魔	編	画	動	チ
写	グ	ン	ズ	喜	活	真	法	編	ン	ハ	真	猟	園	味	メ
猟	魔	猟	パ	釣	喜	撮	エ	リ	ト	ハ	写	り	猟	撮	ー
法	芸	法	編	動	リ	書	キ	リ	猟	動	グ	み	狩	ム	ト
ゃ	狩	絵	編	リ	物	動	活	キ	び	シ	ラ	読	り	ジ	ル
ゲ	写	陶	興	イ	ゼ	活	園	撮	品	狩	ム	キ	狩	活	ト
イ	写	活	喜	真	ー	ハ	味	撮	品	ー	ロ	園	プ	ー	メ
写	魔	プ	ズ	釣	陶	法	園	真	ダ	ー	ュ	グ	物	リ	ロ
興	ム	小	数	写	画	猟	ン	味	深	ク	リ	ラ	魔	ン	キ
ゲ	動	活	味	物	書	イ	パ	さ	リ	ボ	ム	ン	ッ	ト	画
重	イ	釣	ス	園	グ	読	リ	ゲ	び	長	シ	画	興	ル	ン
シ	さ	トン	魔	ズ	動	イ	び	釣	さ	ン	ル	動	ル	写	ク
ゲ	ャ	イ	オ	パ	影	物	撮	ラ	読	シ	ハ	猟	写	品	パ
狩	喜	バ	編	喜	写	イ	ン	チ	撮	リ	メ	ー	ター	ー	

高さ　　　　　　　　　　メーター
バイト　　　　　　　　　オンス
センチメートル　　　　　重み
キログラム　　　　　　　パイント
キロメートル　　　　　　インチ
小数　　　　　　　　　　深さ
グラム　　　　　　　　　トン
リットル　　　　　　　　ボリューム
長さ

1 - Scacchi

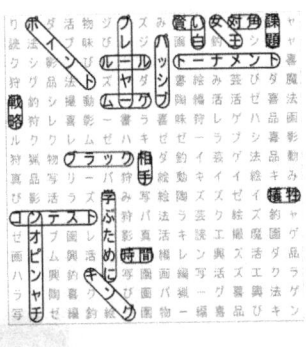

2 - Salute e Benessere #2

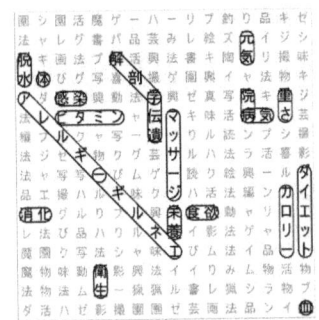

3 - Aggettivi #2

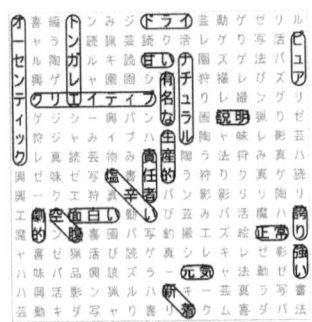

4 - Ingegneria

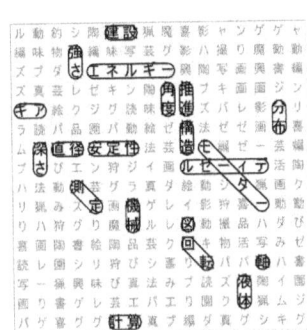

5 - Archeologia

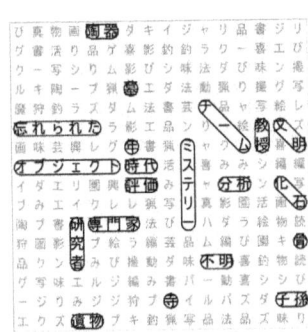

6 - Salute e Benessere #1

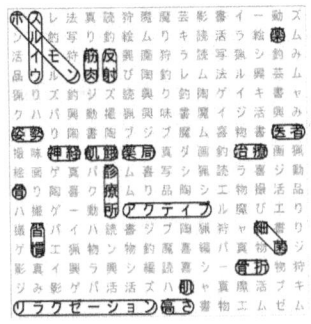

7 - Aggettivi #1

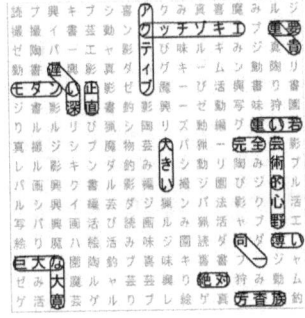

8 - Geologia

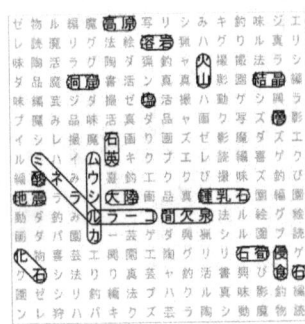

9 - Campeggio

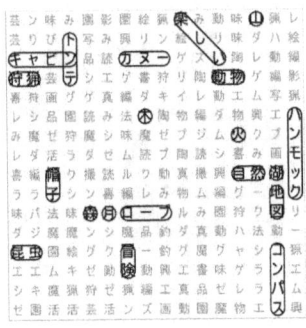

10 - Arti Visive

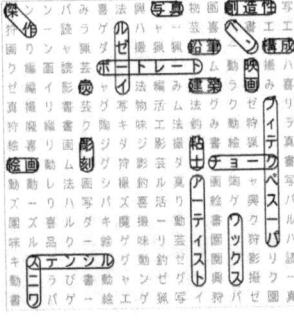

11 - Tempo

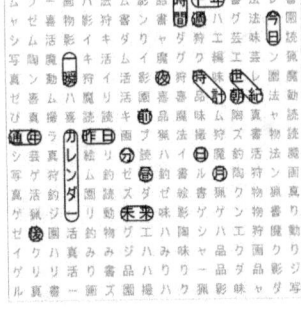

12 - Astronomia

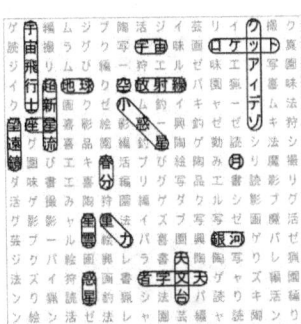

13 - Algebra

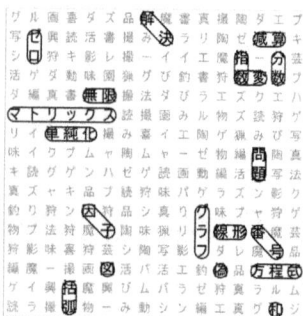

14 - Mitologia

15 - Piante

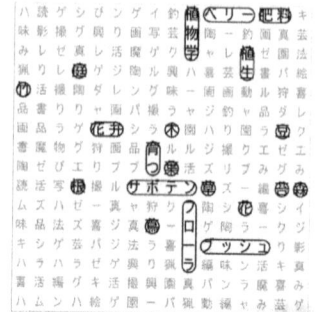

16 - Spezie

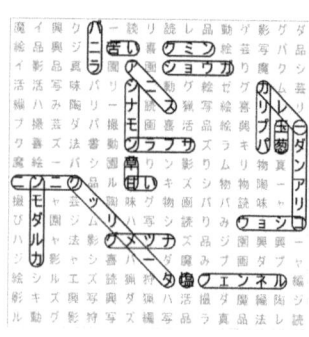

17 - Numeri

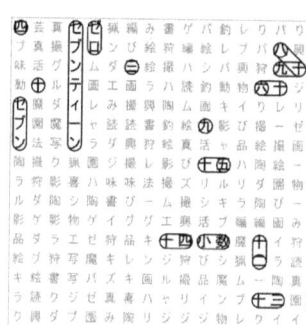

18 - Cioccolato

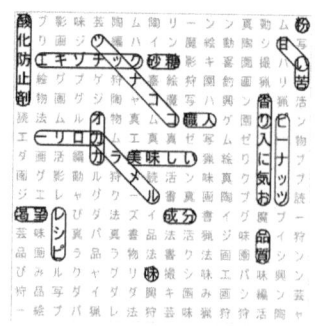

19 - Immigrazione

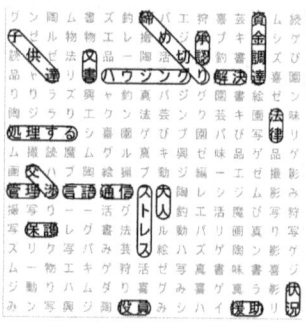

20 - Guida

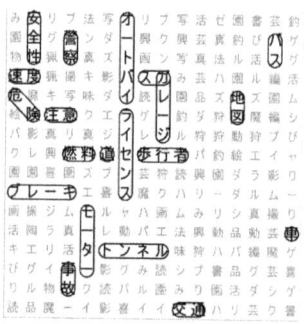

21 - I Media

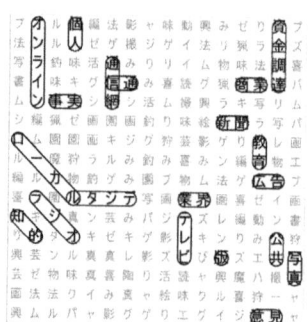

22 - Forza e Gravità

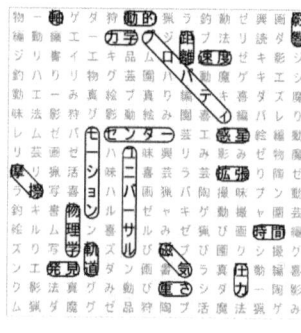

23 - Uccelli

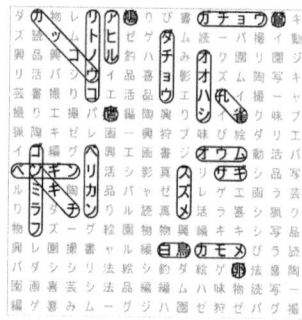

24 - Giorni e Mesi

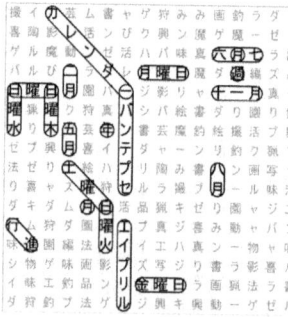

25 - Casa

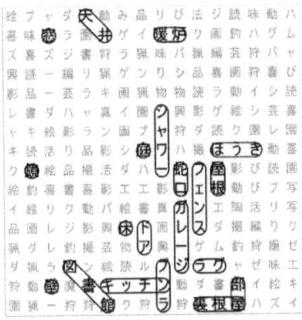

26 - Fantascienza

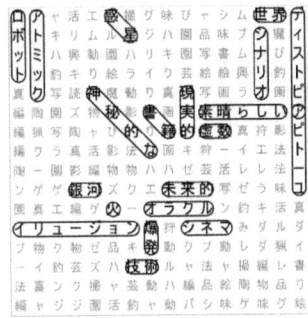

27 - Città

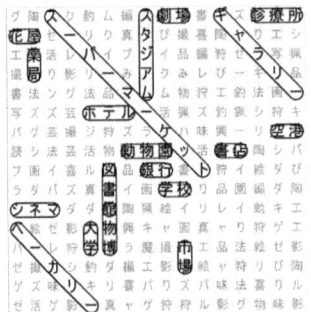

28 - Fattoria #1

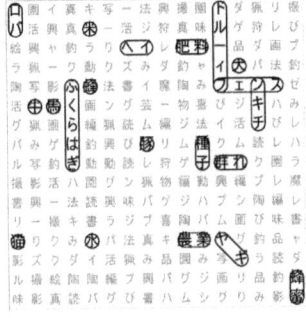

29 - Psicologia

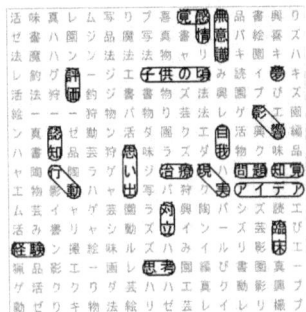

30 - Paesaggi

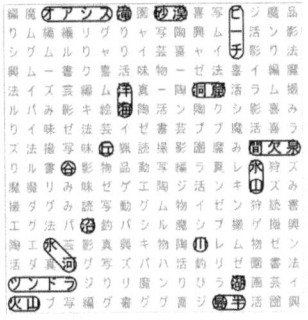

31 - Energia

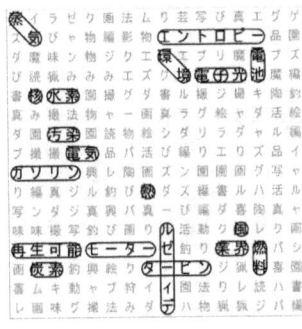

32 - Ristorante #2

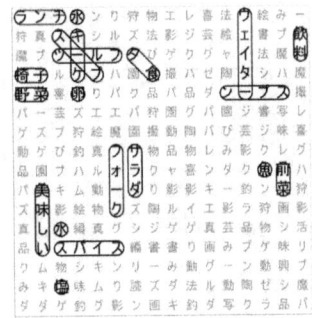

33 - Moda

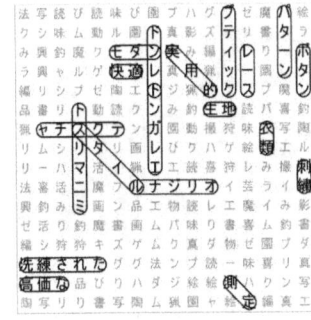

34 - L'Azienda

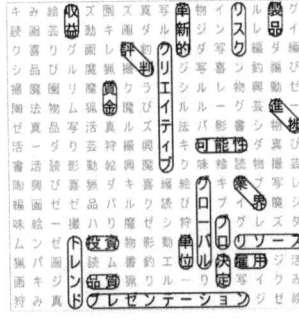

35 - Giardino

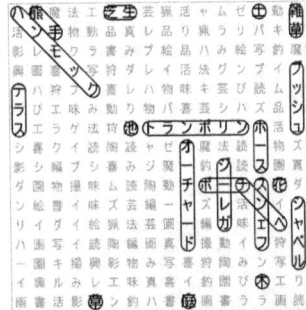

36 - Riscaldamento Gl

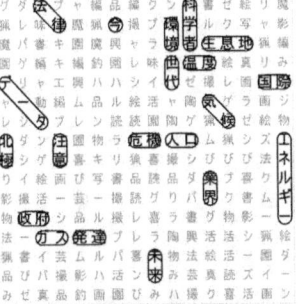

37 - Frutta

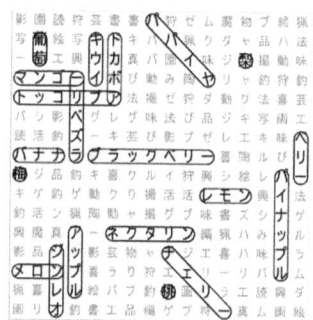

38 - Fattoria #2

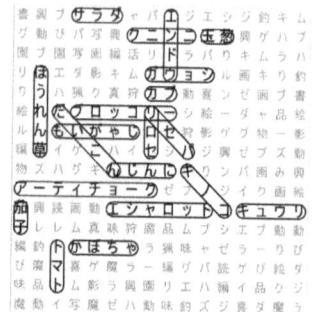

39 - Verdure

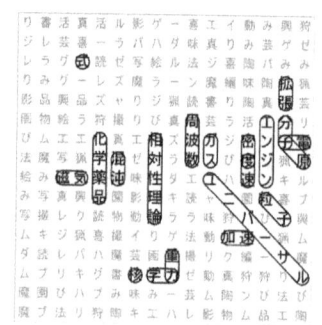

40 - Musica

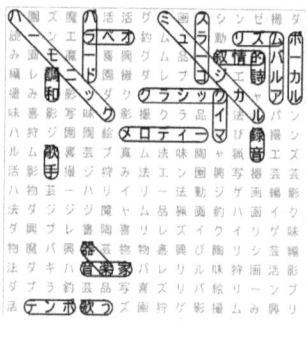

41 - Barbecue

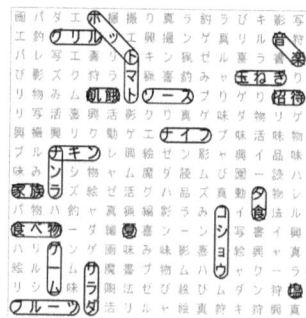

42 - Fisica

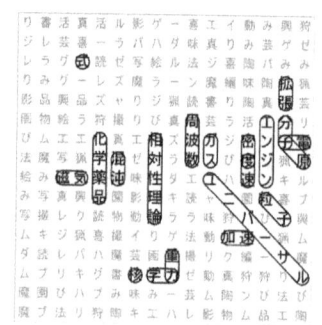

43 - Agronomia

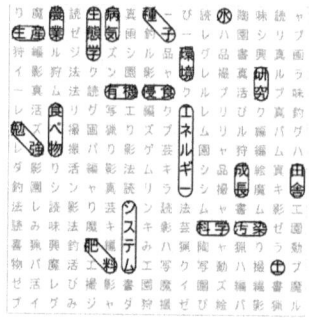

44 - Erboristeria

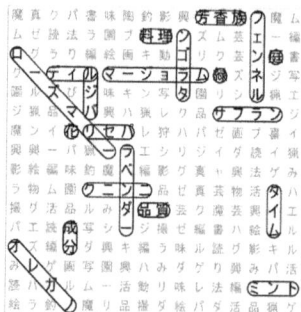

45 - Biologia

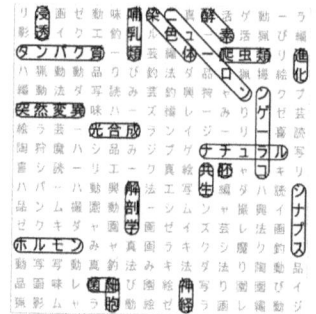

46 - Attività Commerciale

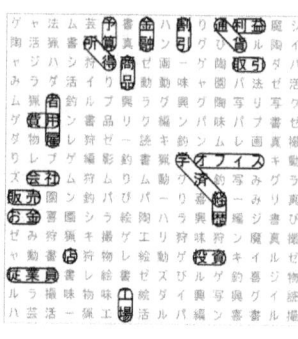

47 - Fiori

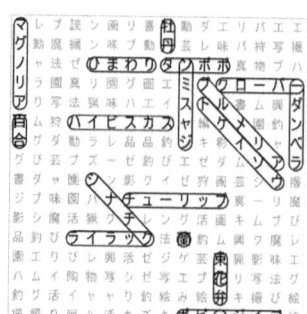

48 - Ecologia

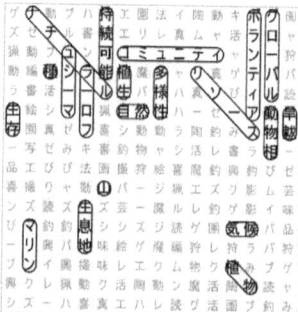

49 - Discipline Scientifiche

50 - Scienza

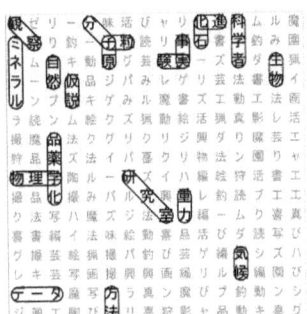

51 - Acqua

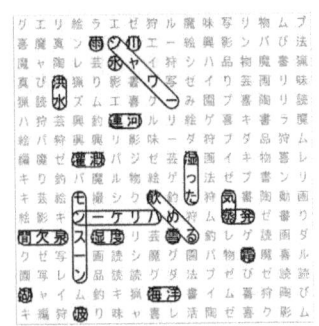

52 - Imbarcazioni

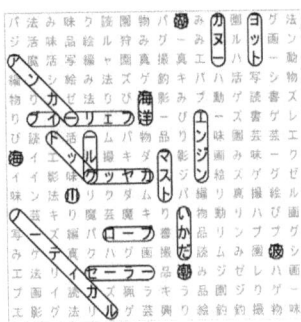

53 - Chimica

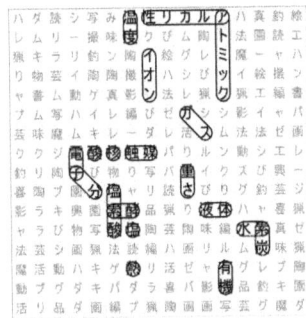

54 - Api

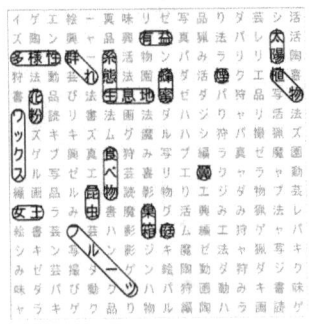

55 - Strumenti Musicali

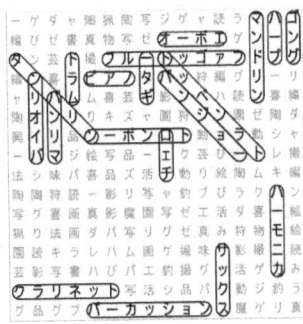

56 - Professioni #2

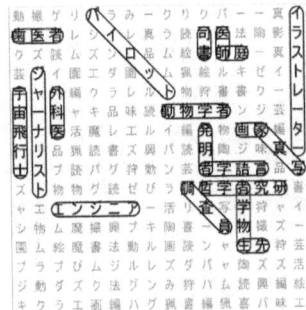

57 - Letteratura

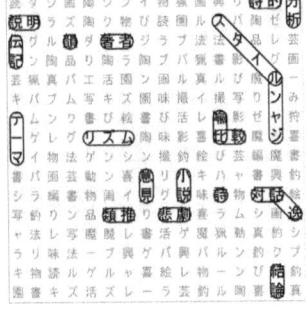

58 - Cibo #2

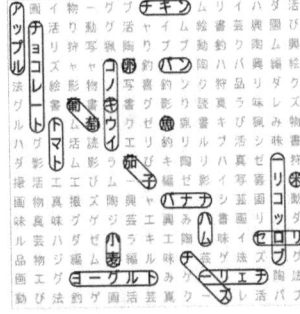

59 - Nutrizione

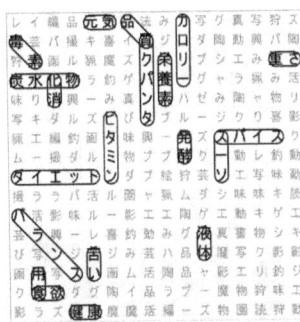

60 - Matematica

61 - Meditazione

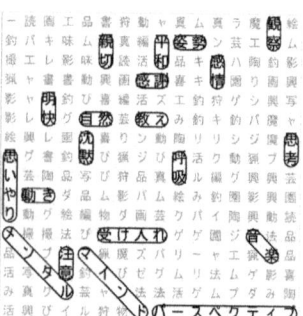

62 - Elettricità

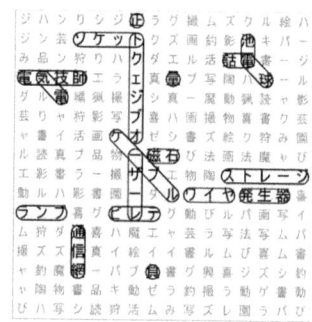

63 - Antiquariato

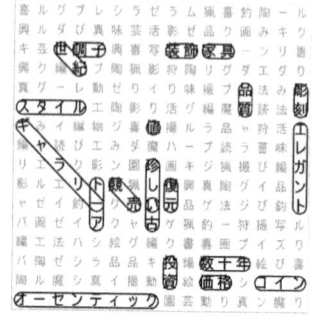

64 - Escursionismo

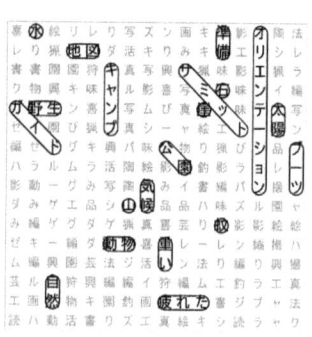

65 - Professioni #1

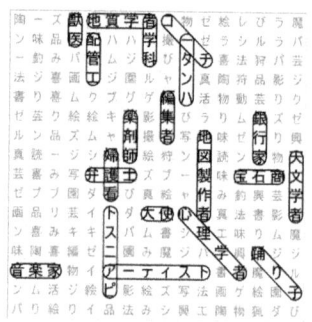

66 - Antartide

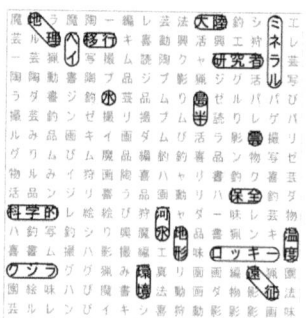

67 - Libri

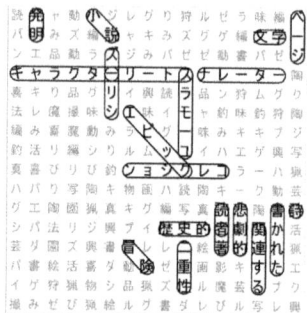

68 - Geografia

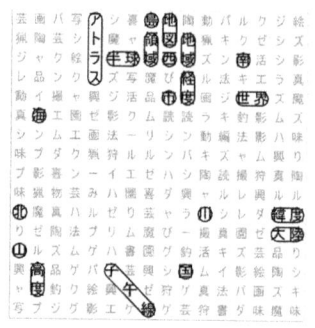

69 - Cibo #1

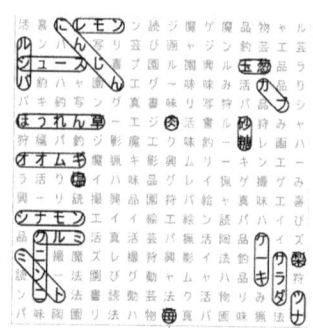

70 - Aeroplani

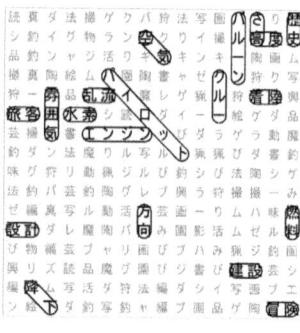

71 - Governo

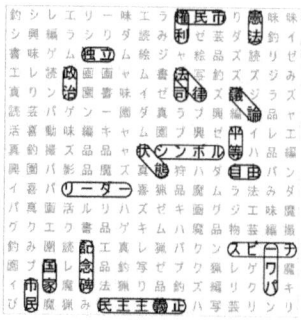

72 - Colori

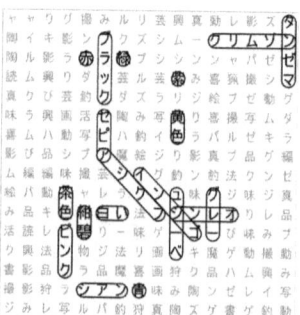

73 - Bellezza

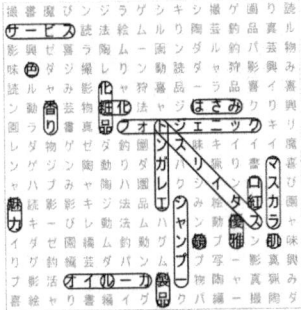

74 - Avventura

75 - Oceano

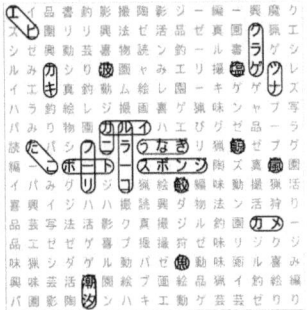

76 - Famiglia

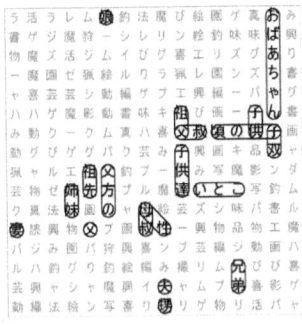

77 - Creatività

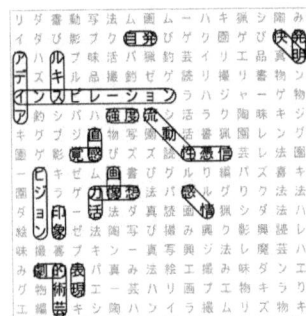

78 - Veicoli

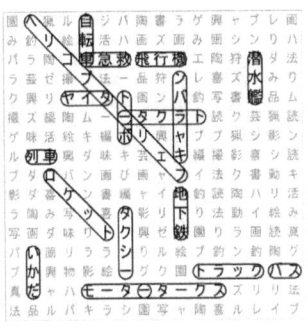

79 - Natura

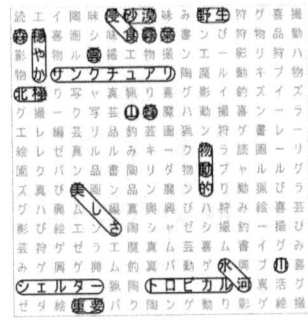

80 - Balletto

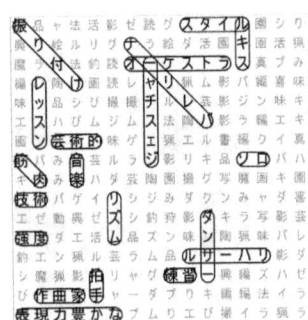

81 - Paesi #1

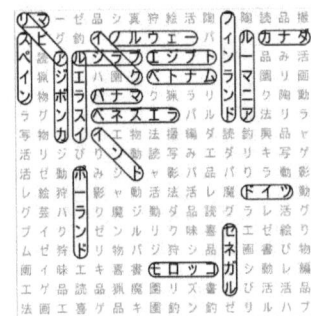

82 - Geometria

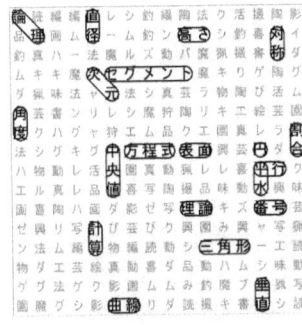

83 - Foresta Pluviale

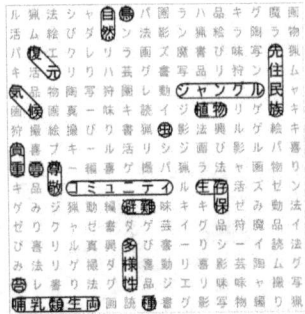

84 - Edifici

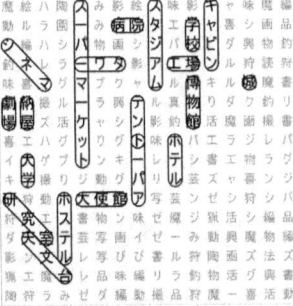

85 - Malattia

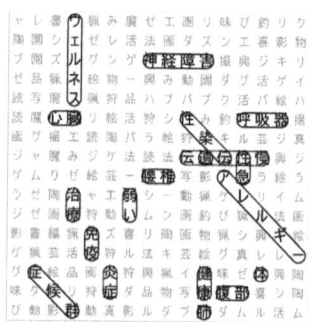

86 - Paesi #2

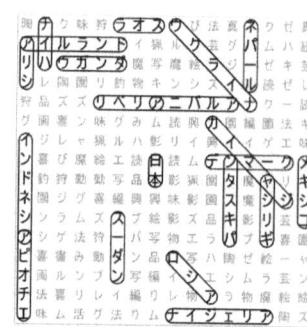

87 - Tipi di Capelli

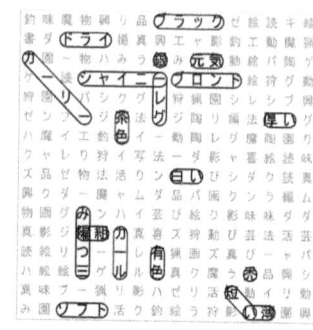

88 - Vestiti

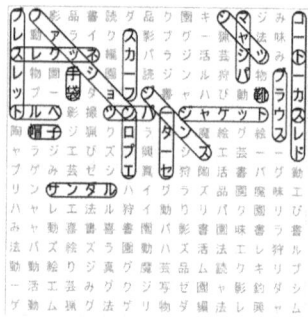

89 - Attività e Tempo Libero

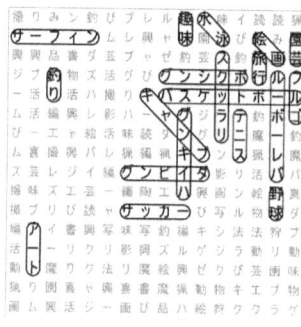

90 - Meteo

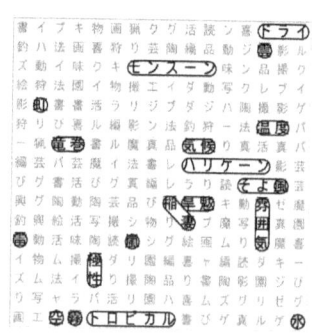

91 - Corpo Umano

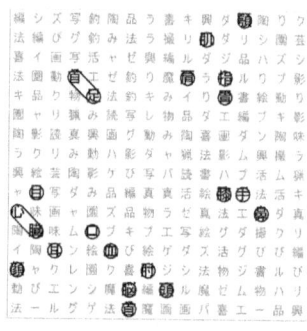

92 - Mammiferi

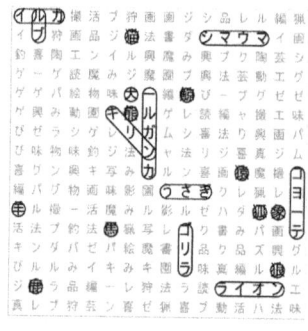

93 - Giardinaggio

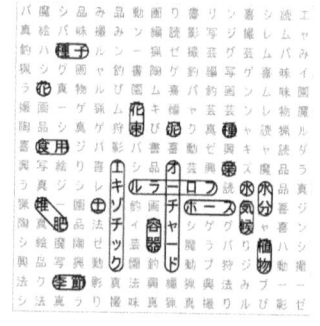

94 - Universo

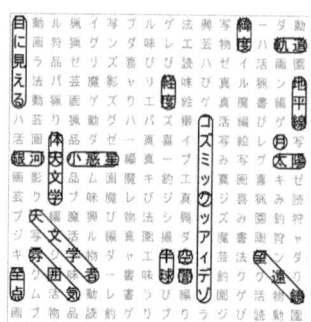

95 - Jazz

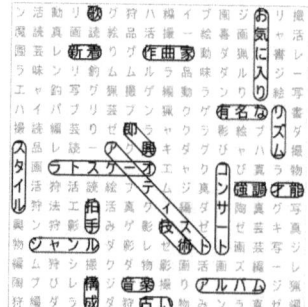

96 - Vacanze #2

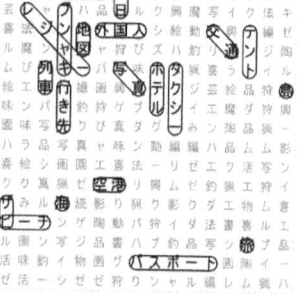

97 - Attività

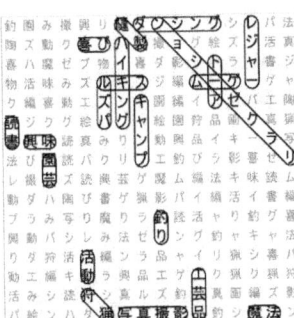

98 - Diplomazia

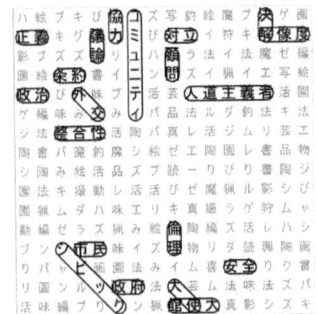

99 - Forniture Artistiche

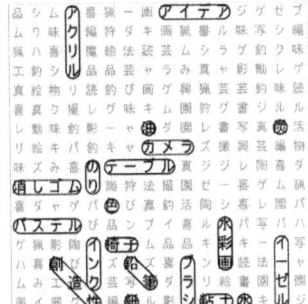

100 - Misurazioni

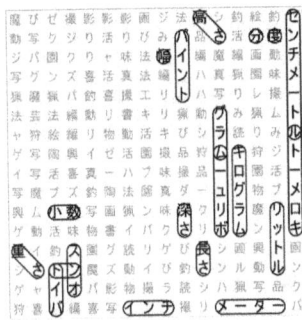

Dizionario

Acqua
水

Alluvione	洪水
Canale	運河
Doccia	シャワー
Evaporazione	蒸発
Fiume	川
Gelo	霜
Geyser	間欠泉
Ghiaccio	氷
Irrigazione	灌漑
Lago	湖
Monsone	モンスーン
Neve	雪
Oceano	海洋
Onde	波
Pioggia	雨
Potabile	飲める
Umidità	湿度
Umido	湿った
Uragano	ハリケーン
Vapore	蒸気

Aeroplani
飛行機

Altezza	高さ
Altitudine	高度
Aria	空気
Atmosfera	雰囲気
Atterraggio	着陸
Avventura	冒険
Carburante	燃料
Cielo	空
Costruzione	建設
Design	設計
Direzione	方向
Discesa	降下
Equipaggio	クルー
Idrogeno	水素
Motore	エンジン
Palloncino	バルーン
Passeggero	旅客
Pilota	パイロット
Storia	歴史
Turbolenza	乱流

Aggettivi #1
形容詞 #1

Ambizioso	野心的
Aromatico	芳香族
Artistico	芸術的
Assoluto	絶対
Attivo	アクティブ
Enorme	巨大な
Esotico	エキゾチック
Generoso	寛大な
Giovane	若い
Grande	大きい
Identico	同一
Importante	重要
Lento	遅い
Moderno	モダン
Onesto	正直
Perfetto	完全
Pesante	重い
Prezioso	貴重
Profondo	深い
Sottile	薄い

Aggettivi #2
形容詞 #2

Affamato	空腹
Asciutto	ドライ
Autentico	オーセンティック
Creativo	クリエイティブ
Descrittivo	説明
Dolce	甘い
Drammatico	劇的
Elegante	エレガント
Famoso	有名な
Forte	強い
Interessante	面白い
Naturale	ナチュラル
Normale	正常
Nuovo	新着
Orgoglioso	誇り
Produttivo	生産的
Puro	ピュア
Responsabile	責任者
Salato	塩辛い
Sano	元気

Agronomia
農学

Acqua	水
Agricoltura	農業
Ambiente	環境
Cibo	食べ物
Crescita	成長
Ecologia	生態学
Energia	エネルギー
Erosione	侵食
Fertilizzante	肥料
Inquinamento	汚染
Malattie	病気
Organico	有機
Produzione	生産
Ricerca	研究
Rurale	田舎
Scienza	科学
Semi	種子
Sistemi	システム
Studio	勉強
Suolo	土

Algebra
代数学

Diagramma	図
Equazione	方程式
Esponente	指数
Falso	偽
Fattore	因子
Formula	式
Frazione	分数
Grafico	グラフ
Infinito	無限
Lineare	線形
Matrice	マトリックス
Numero	番号
Parentesi	括弧
Problema	問題
Semplificare	単純化
Soluzione	解決
Somma	和
Sottrazione	減算
Variabile	変数
Zero	ゼロ

Antartide
南極大陸

Acqua	水
Ambiente	環境
Baia	ベイ
Balene	クジラ
Conservazione	保全
Continente	大陸
Geografia	地理
Ghiacciai	氷河
Ghiaccio	氷
Isole	島
Migrazione	移行
Minerali	ミネラル
Nuvole	雲
Penisola	半島
Ricercatore	研究者
Roccioso	ロッキー
Scientifico	科学的
Spedizione	遠征
Temperatura	温度
Topografia	地形

Antiquariato
アンティーク

Arte	アート
Asta	競売
Autentico	オーセンティック
Condizione	調子
Decenni	数十年
Decorativo	装飾
Elegante	エレガント
Galleria	ギャラリー
Insolito	珍しい
Investimento	投資
Mobilio	家具
Monete	コイン
Prezzo	価格
Qualità	品質
Restauro	復元
Scultura	彫刻
Secolo	世紀
Stile	スタイル
Valore	値
Vecchio	古い

Api
ミツバチ

Ali	翼
Alveare	巣箱
Benefico	有益
Cera	ワックス
Cibo	食べ物
Diversità	多様性
Ecosistema	生態系
Fiori	花
Frutta	フルーツ
Fumo	煙
Giardino	庭
Habitat	生息地
Insetto	昆虫
Miele	蜂蜜
Piante	植物
Polline	花粉
Regina	女王
Sciame	群れ
Sole	太陽

Archeologia
考古学

Analisi	分析
Anni	年
Ceramica	陶器
Civiltà	文明
Dimenticato	忘れられた
Discendente	子孫
Era	時代
Esperto	専門家
Fossile	化石
Mistero	ミステリー
Oggetti	オブジェクト
Ossa	骨
Professore	教授
Reliquia	遺物
Ricercatore	研究者
Sconosciuto	不明
Squadra	チーム
Tempio	寺
Tomba	墓
Valutazione	評価

Arti Visive
ビジュアルアーツ

Architettura	建築
Argilla	粘土
Artista	アーティスト
Capolavoro	傑作
Carbone	炭
Cavalletto	イーゼル
Cera	ワックス
Composizione	構成
Creatività	創造性
Film	映画
Fotografia	写真
Gesso	チョーク
Matita	鉛筆
Penna	ペン
Pittura	絵画
Prospettiva	パースペクティブ
Ritratto	ポートレート
Scultura	彫刻
Stampino	ステンシル
Vernice	ワニス

Astronomia
天文学

Asteroide	小惑星
Astronauta	宇宙飛行士
Astronomo	天文学者
Cielo	空
Costellazione	星座
Equinozio	春分
Galassia	銀河
Gravità	重力
Luna	月
Meteora	流星
Nebulosa	星雲
Osservatorio	天文台
Pianeta	惑星
Radiazione	放射線
Razzo	ロケット
Supernova	超新星
Telescopio	望遠鏡
Terra	地球
Universo	宇宙
Zodiaco	ゾディアック

Attività
アクティビティ

Abilità	スキル
Arte	アート
Artigianato	工芸品
Attività	活動
Caccia	狩猟
Campeggio	キャンプ
Cucire	縫製
Danza	ダンシング
Escursioni	ハイキング
Fotografia	写真撮影
Giardinaggio	園芸
Giochi	ゲーム
Interessi	興味
Lettura	読書
Magia	魔法
Pesca	釣り
Piacere	喜び
Puzzle	パズル
Rilassamento	リラクゼーション
Tempo Libero	レジャー

Attività Commerciale
ビジネス

Bilancio	予算
Carriera	経歴
Costo	費用
Datore di Lavoro	雇用者
Dipendente	従業員
Economia	経済学
Fabbrica	工場
Finanza	金融
Investimento	投資
Merce	商品
Negozio	店
Profitto	利益
Reddito	所得
Sconto	割引
Società	会社
Soldi	お金
Transazione	取引
Ufficio	オフィス
Valuta	通貨
Vendita	販売

Attività e Tempo Libero
アクティビティとレジャー

Arte	アート
Baseball	野球
Basket	バスケットボール
Boxe	ボクシング
Calcio	サッカー
Campeggio	キャンプ
Escursioni	ハイキング
Giardinaggio	園芸
Golf	ゴルフ
Hobby	趣味
Immersione	ダイビング
Nuoto	水泳
Pallavolo	バレーボール
Pesca	釣り
Pittura	絵画
Rilassante	リラックス
Surf	サーフィン
Tennis	テニス
Viaggio	旅行

Avventura
アドベンチャー

Amici	友達
Attività	活動
Bellezza	美しさ
Caso	チャンス
Coraggio	勇気
Destinazione	行き先
Difficoltà	困難
Entusiasmo	熱意
Escursione	遠足
Gioia	喜び
Insolito	珍しい
Itinerario	旅程
Natura	自然
Navigazione	ナビゲーション
Nuovo	新着
Opportunità	機会
Pericoloso	危険な
Preparazione	準備
Sfide	課題
Sicurezza	安全性

Balletto
バレエ

Abilità	スキル
Applauso	拍手
Artistico	芸術的
Assolo	ソロ
Ballerina	バレリーナ
Ballerini	ダンサー
Compositore	作曲家
Coreografia	振り付け
Espressivo	表現力豊かな
Gesto	ジェスチャー
Intensità	強度
Lezioni	レッスン
Muscoli	筋肉
Musica	音楽
Orchestra	オーケストラ
Pratica	練習
Prova	リハーサル
Ritmo	リズム
Stile	スタイル
Tecnica	技術

Barbecue
バーベキュー

Caldo	ホット
Cena	夕食
Cibo	食べ物
Cipolle	玉ねぎ
Coltelli	ナイフ
Estate	夏
Fame	飢餓
Famiglia	家族
Frutta	フルーツ
Giochi	ゲーム
Griglia	グリル
Insalate	サラダ
Invito	招待
Musica	音楽
Pepe	コショウ
Pollo	チキン
Pomodori	トマト
Pranzo	ランチ
Sale	塩
Salsa	ソース

Bellezza
ビューティー

Colore	色
Cosmetici	化粧品
Elegante	エレガント
Eleganza	優雅
Fascino	魅力
Forbici	はさみ
Fotogenico	フォトジェニック
Fragranza	香り
Mascara	マスカラ
Oli	オイル
Pelle	肌
Prodotti	製品
Riccioli	カール
Rossetto	口紅
Servizi	サービス
Shampoo	シャンプー
Specchio	鏡
Stilista	スタイリスト
Trucco	化粧

Biologia
生物学

Anatomia	解剖学
Batteri	細菌
Cellula	細胞
Collagene	コラーゲン
Cromosoma	染色体
Embrione	胚
Enzima	酵素
Evoluzione	進化
Fotosintesi	光合成
Mammifero	哺乳類
Mutazione	突然変異
Naturale	ナチュラル
Nervo	神経
Neurone	ニューロン
Ormone	ホルモン
Osmosi	浸透
Proteina	タンパク質
Rettile	爬虫類
Simbiosi	共生
Sinapsi	シナプス

Campeggio
キャンプ

Alberi	木
Amaca	ハンモック
Animali	動物
Avventura	冒険
Bussola	コンパス
Cabina	キャビン
Caccia	狩猟
Canoa	カヌー
Cappello	帽子
Corda	ロープ
Divertimento	楽しい
Foresta	森
Fuoco	火
Insetto	昆虫
Lago	湖
Luna	月
Mappa	地図
Montagna	山
Natura	自然
Tenda	テント

Casa
ハウス

Attico	屋根裏
Biblioteca	図書館
Camera	部屋
Camino	暖炉
Cucina	キッチン
Doccia	シャワー
Finestra	窓
Garage	ガレージ
Giardino	庭
Lampada	ランプ
Parete	壁
Pavimento	床
Porta	ドア
Recinto	フェンス
Rubinetto	蛇口
Scopa	ほうき
Soffitto	天井
Specchio	鏡
Tappeto	ラグ
Tetto	屋根

Chimica
化学

Acido	酸
Alcalino	アルカリ性
Atomico	アトミック
Calore	熱
Carbonio	炭素
Catalizzatore	触媒
Cloro	塩素
Elettrone	電子
Enzima	酵素
Gas	ガス
Idrogeno	水素
Ione	イオン
Liquido	液体
Molecola	分子
Nucleare	核
Organico	有機
Ossigeno	酸素
Peso	重さ
Sale	塩
Temperatura	温度

Cibo #1
食べ物 #1

Aglio	ニンニク
Basilico	バジル
Cannella	シナモン
Carne	肉
Carota	にんじん
Cipolla	玉葱
Fragola	苺
Insalata	サラダ
Latte	ミルク
Limone	レモン
Menta	ミント
Orzo	オオムギ
Pera	梨
Rapa	カブ
Sale	塩
Spinaci	ほうれん草
Succo	ジュース
Tonno	ツナ
Torta	ケーキ
Zucchero	砂糖

Cibo #2
食べ物 #2

Banana	バナナ
Broccolo	ブロッコリー
Ciliegia	チェリー
Cioccolato	チョコレート
Formaggio	チーズ
Fungo	キノコ
Grano	小麦
Kiwi	キウイ
Mela	アップル
Melanzana	茄子
Pane	パン
Pesce	魚
Pollo	チキン
Pomodoro	トマト
Prosciutto	ハム
Riso	米
Sedano	セロリ
Uovo	卵
Uva	葡萄
Yogurt	ヨーグルト

Cioccolato
チョコレート

Amaro	苦い
Antiossidante	酸化防止剤
Arachidi	ピーナッツ
Aroma	香り
Artigianale	職人
Brama	渇望
Cacao	カカオ
Calorie	カロリー
Caramello	カラメル
Delizioso	美味しい
Dolce	甘い
Esotico	エキゾチック
Gusto	味
Ingrediente	成分
Noce di Cocco	ココナッツ
Polvere	粉
Preferito	お気に入り
Qualità	品質
Ricetta	レシピ
Zucchero	砂糖

Città
町

Aeroporto	空港
Banca	銀行
Biblioteca	図書館
Cinema	シネマ
Clinica	診療所
Farmacia	薬局
Fiorista	花屋
Galleria	ギャラリー
Hotel	ホテル
Libreria	書店
Mercato	市場
Museo	博物館
Negozio	店
Panetteria	ベーカリー
Scuola	学校
Stadio	スタジアム
Supermercato	スーパーマーケット
Teatro	劇場
Università	大学
Zoo	動物園

Colori
[色]

Arancia	オレンジ
Azzurro	紺碧
Beige	ベージュ
Bianco	白い
Blu	青
Ciano	シアン
Cremisi	クリムゾン
Fucsia	フクシア
Giallo	黄色
Grigio	グレー
Indaco	インジゴ
Magenta	マゼンタ
Marrone	茶色
Nero	ブラック
Rosa	ピンク
Rosso	赤
Seppia	セピア
Verde	緑
Viola	紫

Corpo Umano
人体

Bocca	口
Caviglia	足首
Cervello	脳
Collo	首
Cuore	心臓
Dito	指
Faccia	顔
Gamba	足
Ginocchio	膝
Gomito	肘
Mano	手
Mento	顎
Naso	鼻
Occhio	目
Orecchio	耳
Pelle	肌
Sangue	血
Spalla	肩
Stomaco	胃
Testa	頭

Creatività
創造性

Abilità	スキル
Artistico	芸術的
Autenticità	信憑性
Chiarezza	明快
Drammatico	劇的
Emozioni	感情
Espressione	表現
Fluidità	流動性
Idee	アイデア
Immaginazione	想像力
Immagine	画像
Impressione	印象
Intensità	強度
Intuizione	直感
Inventivo	発明
Ispirazione	インスピレーション
Sensazione	感覚
Spontaneo	自発
Visioni	ビジョン
Vitalità	活力

Diplomazia
外交

Ambasciata	大使館
Ambasciatore	大使
Cittadini	市民
Civico	シビック
Comunità	コミュニティ
Conflitto	対立
Consigliere	顧問
Cooperazione	協力
Diplomatico	外交
Discussione	議論
Etica	倫理
Giustizia	正義
Governo	政府
Integrità	整合性
Politica	政治
Risoluzione	解像度
Sicurezza	安全
Soluzione	解決
Trattato	条約
Umanitario	人道主義者

Discipline Scientifiche
科学分野

Anatomia	解剖学
Archeologia	考古学
Astronomia	天文学
Biochimica	生化学
Biologia	生物学
Botanica	植物学
Chimica	化学
Ecologia	生態学
Fisiologia	生理
Geologia	地質学
Immunologia	免疫学
Linguistica	言語学
Meccanica	力学
Meteorologia	気象学
Mineralogia	鉱物学
Neurologia	神経学
Psicologia	心理学
Sociologia	社会学
Termodinamica	熱力学
Zoologia	動物学

Ecologia
エコロジー

Clima	気候
Comunità	コミュニティ
Diversità	多様性
Fauna	動物相
Flora	フローラ
Globale	グローバル
Habitat	生息地
Marino	マリン
Montagne	山
Natura	自然
Naturale	ナチュラル
Palude	マーシュ
Piante	植物
Risorse	リソース
Siccità	旱魃
Sopravvivenza	生存
Sostenibile	持続可能
Specie	種
Vegetazione	植生
Volontari	ボランティア

Edifici
建物

Ambasciata	大使館
Appartamento	アパート
Cabina	キャビン
Castello	城
Cinema	シネマ
Fabbrica	工場
Fienile	納屋
Hotel	ホテル
Laboratorio	研究室
Museo	博物館
Ospedale	病院
Osservatorio	天文台
Ostello	ホステル
Scuola	学校
Stadio	スタジアム
Supermercato	スーパーマーケット
Teatro	劇場
Tenda	テント
Torre	タワー
Università	大学

Elettricità
電気

Batteria	電池
Cavo	ケーブル
Conservazione	ストレージ
Elettricista	電気技師
Elettrico	電気
Fili	ワイヤ
Generatore	発生器
Lampada	ランプ
Lampadina	電球
Laser	レーザー
Magnete	磁石
Negativo	負
Oggetti	オブジェクト
Positivo	正
Presa	ソケット
Quantità	量
Rete	通信網
Telefono	電話
Televisione	テレビ

Energia
エネルギー

Ambiente	環境
Batteria	電池
Benzina	ガソリン
Calore	熱
Carbonio	炭素
Carburante	燃料
Diesel	ディーゼル
Elettrico	電気
Elettrone	電子
Entropia	エントロピー
Fotone	光子
Idrogeno	水素
Industria	業界
Inquinamento	汚染
Motore	モーター
Nucleare	核
Rinnovabile	再生可能
Turbina	タービン
Vapore	蒸気
Vento	風

Erboristeria
本草学

Aglio	ニンニク
Aneto	ディル
Aromatico	芳香族
Basilico	バジル
Culinario	料理
Dragoncello	タラゴン
Finocchio	フェンネル
Fiore	花
Giardino	庭
Ingrediente	成分
Lavanda	ラベンダー
Maggiorana	マージョラム
Menta	ミント
Origano	オレガノ
Prezzemolo	パセリ
Qualità	品質
Rosmarino	ローズマリー
Timo	タイム
Verde	緑
Zafferano	サフラン

Escursionismo
ハイキング

Acqua	水
Animali	動物
Campeggio	キャンプ
Clima	気候
Guide	ガイド
Mappa	地図
Montagna	山
Natura	自然
Orientamento	オリエンテーション
Parchi	公園
Pesante	重い
Pietre	石
Preparazione	準備
Scogliera	崖
Selvaggio	野生
Sole	太陽
Stanco	疲れた
Stivali	ブーツ
Vertice	サミット
Zanzare	蚊

Famiglia
ファミリー

Antenato	祖先
Bambini	子供達
Bambino	子供
Cugino	いとこ
Figlia	娘
Fratello	兄弟
Gemelli	双子
Infanzia	子供の頃
Madre	母
Marito	夫
Materno	母性
Moglie	妻
Nipote	甥
Nonna	おばあちゃん
Nonno	祖父
Padre	父
Paterno	父方の
Sorella	姉妹
Zia	叔母
Zio	叔父

Fantascienza
サイエンス・フィクション

Atomico	アトミック
Cinema	シネマ
Distopia	ディストピア
Esplosione	爆発
Fantastico	素晴らしい
Fuoco	火
Futuristico	未来的
Galassia	銀河
Illusione	イリュージョン
Immaginario	虚数
Libri	書籍
Misterioso	神秘的な
Mondo	世界
Oracolo	オラクル
Pianeta	惑星
Realistico	現実的
Robot	ロボット
Scenario	シナリオ
Tecnologia	技術
Utopia	ユートピア

Fattoria #1
ファーム #1

Acqua	水
Agricoltura	農業
Ape	蜂
Asino	ロバ
Campo	フィールド
Cane	犬
Capra	ヤギ
Cavallo	馬
Fertilizzante	肥料
Fieno	ヘイ
Gatto	猫
Gregge	群れ
Maiale	豚
Miele	蜂蜜
Mucca	牛
Pollo	チキン
Recinto	フェンス
Riso	米
Semi	種子
Vitello	ふくらはぎ

Fattoria #2
ファーム #2

Agnello	子羊
Agricoltore	農家
Alveare	蜂の巣
Anatra	アヒル
Animali	動物
Cibo	食べ物
Fienile	納屋
Frutta	フルーツ
Frutteto	オーチャード
Grano	小麦
Irrigazione	灌漑
Lama	ラマ
Latte	ミルク
Mais	コーン
Oche	ガチョウ
Orzo	オオムギ
Pastore	羊飼い
Pecora	羊
Prato	牧草地
Trattore	トラクター

Fiori
花々

Dente di Leone	タンポポ
Gardenia	クチナシ
Gelsomino	ジャスミン
Giglio	百合
Girasole	ひまわり
Ibisco	ハイビスカス
Lavanda	ラベンダー
Lilla	ライラック
Magnolia	マグノリア
Margherita	デイジー
Mazzo	花束
Orchidea	蘭
Papavero	ポピー
Passiflora	トケイソウ
Peonia	牡丹
Petalo	花弁
Plumeria	プルメリア
Trifoglio	クローバー
Tulipano	チューリップ

Fisica
物理学

Accelerazione	加速
Atomo	原子
Caos	混沌
Chimico	化学薬品
Densità	密度
Elettrone	電子
Espansione	拡張
Formula	式
Frequenza	周波数
Gas	ガス
Gravità	重力
Magnetismo	磁気
Meccanica	力学
Molecola	分子
Motore	エンジン
Nucleare	核
Particella	粒子
Relatività	相対性理論
Universale	ユニバーサル
Velocità	速度

Foresta Pluviale
レインフォレスト

Anfibi	両生類
Botanico	植物
Clima	気候
Comunità	コミュニティ
Diversità	多様性
Giungla	ジャングル
Indigeno	先住民族
Insetti	虫
Mammiferi	哺乳類
Muschio	苔
Natura	自然
Nuvole	雲
Preservazione	保存
Prezioso	貴重
Restauro	復元
Rifugio	避難
Rispetto	尊敬
Sopravvivenza	生存
Specie	種
Uccelli	鳥

Forniture Artistiche
アートサプライ

Acqua	水
Acquerelli	水彩画
Acrilico	アクリル
Argilla	粘土
Carbone	炭
Carta	紙
Cavalletto	イーゼル
Colla	のり
Colori	色
Creatività	創造性
Gomma	消しゴム
Idee	アイデア
Inchiostro	インク
Matite	鉛筆
Olio	油
Pastelli	パステル
Sedia	椅子
Spazzole	ブラシ
Tavolo	テーブル
Telecamera	カメラ

Forza e Gravità
力と重力

Asse	軸
Attrito	摩擦
Centro	センター
Dinamico	動的
Distanza	距離
Espansione	拡張
Fisica	物理学
Impatto	影響
Magnetismo	磁気
Meccanica	力学
Movimento	モーション
Orbita	軌道
Peso	重さ
Pianeti	惑星
Pressione	圧力
Proprietà	プロパティ
Scoperta	発見
Tempo	時間
Universale	ユニバーサル
Velocità	速度

Frutta
フルーツ

Albicocca	アプリコット
Ananas	パイナップル
Arancia	オレンジ
Avocado	アボカド
Bacca	ベリー
Banana	バナナ
Ciliegia	チェリー
Kiwi	キウイ
Lampone	ラズベリー
Limone	レモン
Mango	マンゴー
Mela	アップル
Melone	メロン
Mora	ブラックベリー
Nettarina	ネクタリン
Papaia	パパイヤ
Pera	梨
Pesca	桃
Prugna	梅
Uva	葡萄

Geografia
地理学

Altitudine	高度
Atlante	アトラス
Città	市
Continente	大陸
Emisfero	半球
Fiume	川
Isola	島
Latitudine	緯度
Longitudine	経度
Mappa	地図
Mare	海
Meridiano	子午線
Mondo	世界
Montagna	山
Nord	北
Ovest	西
Paese	国
Regione	領域
Sud	南
Territorio	地域

Geologia
地質学

Acido	酸
Altopiano	高原
Calcio	カルシウム
Caverna	洞窟
Continente	大陸
Corallo	コーラル
Cristalli	結晶
Erosione	侵食
Fossile	化石
Geyser	間欠泉
Lava	溶岩
Minerali	ミネラル
Pietra	石
Quarzo	石英
Sale	塩
Stalagmiti	石筍
Stalattite	鍾乳石
Strato	層
Terremoto	地震
Vulcano	火山

Geometria
ジオメトリ

Altezza	高さ
Angolo	角度
Calcolo	計算
Cerchio	円
Curva	曲線
Diametro	直径
Dimensione	次元
Equazione	方程式
Logica	論理
Mediano	中央値
Numero	番号
Orizzontale	水平
Parallelo	平行
Proporzione	割合
Segmento	セグメント
Simmetria	対称
Superficie	表面
Teoria	理論
Triangolo	三角形
Verticale	垂直

Giardinaggio
ガーデニング

Acqua	水
Botanico	植物
Clima	気候
Commestibile	食用
Compost	堆肥
Contenitore	容器
Esotico	エキゾチック
Fiorire	花
Floreale	フローラル
Fogliame	葉
Frutteto	オーチャード
Mazzo	花束
Semi	種子
Specie	種
Sporco	泥
Stagionale	季節
Suolo	土
Tubo	ホース
Umidità	水分

Giardino
ガーデン

Albero	木
Amaca	ハンモック
Cespuglio	ブッシュ
Erba	草
Erbacce	雑草
Fiore	花
Frutteto	オーチャード
Garage	ガレージ
Giardino	庭
Pala	シャベル
Panca	ベンチ
Portico	ポーチ
Prato	芝生
Rastrello	熊手
Recinto	フェンス
Stagno	池
Suolo	土
Terrazza	テラス
Trampolino	トランポリン
Tubo	ホース

Giorni e Mesi
日と月

Agosto	八月
Anno	年
Aprile	エイプリル
Calendario	カレンダー
Domenica	日曜日
Febbraio	二月
Giovedì	木曜日
Giugno	六月
Luglio	七月
Lunedì	月曜日
Maggio	五月
Martedì	火曜日
Marzo	行進
Mercoledì	水曜日
Mese	月
Novembre	十一月
Sabato	土曜日
Settembre	セプテンバー
Settimana	週
Venerdì	金曜日

Governo
政府

Capo	リーダー
Cittadinanza	市民権
Civile	市民
Costituzione	憲法
Democrazia	民主主義
Diritti	権利
Discorso	スピーチ
Discussione	議論
Giudiziario	司法
Giustizia	正義
Indipendenza	独立
Legge	法律
Libertà	自由
Monumento	記念碑
Nazione	国家
Politica	政治
Potenza	パワー
Simbolo	シンボル
Stato	状態
Uguaglianza	平等

Guida
運転

Attenzione	注意
Auto	車
Autobus	バス
Carburante	燃料
Freni	ブレーキ
Garage	ガレージ
Gas	ガス
Incidente	事故
Licenza	ライセンス
Mappa	地図
Moto	オートバイ
Motore	モーター
Pedonale	歩行者
Pericolo	危険
Polizia	警察
Sicurezza	安全性
Strada	道
Traffico	交通
Tunnel	トンネル
Velocità	速度

I Media
メディア

Commerciale	商業
Comunicazione	通信
Digitale	デジタル
Edizione	版
Educazione	教育
Fatti	事実
Finanziamento	資金調達
Foto	写真
Giornali	新聞
Individuale	個人
Industria	業界
Intellettuale	知的
Locale	ローカル
Online	オンライン
Opinione	意見
Pubblicità	広告
Pubblico	公共
Radio	ラジオ
Rete	通信網
Televisione	テレビ

Imbarcazioni
ボート

Albero	マスト
Ancora	アンカー
Boa	ブイ
Canoa	カヌー
Corda	ロープ
Dock	ドック
Equipaggio	クルー
Fiume	川
Kayak	カヤック
Lago	湖
Mare	海
Marea	潮
Marinaio	セーラー
Motore	エンジン
Nautico	ノーティカル
Oceano	海洋
Onde	波
Traghetto	フェリー
Yacht	ヨット
Zattera	いかだ

Immigrazione
移民

Adulti	大人
Aiuto	援助
Alloggio	ハウジング
Amministrazione	管理
Approvazione	承認
Bambini	子供達
Comunicazione	通信
Documenti	文書
Finanziamento	資金調達
Legge	法律
Lingua	言語
Processo	処理する
Protezione	保護
Scadenza	締め切り
Situazione	状況
Soluzione	解決
Stress	ストレス
Trattativa	交渉
Ufficiale	役員

Ingegneria
エンジニアリング

Angolo	角度
Asse	軸
Calcolo	計算
Costruzione	建設
Diagramma	図
Diametro	直径
Diesel	ディーゼル
Distribuzione	分布
Energia	エネルギー
Forza	強さ
Ingranaggi	ギア
Liquido	液体
Macchina	機械
Misurazione	測定
Motore	モーター
Profondità	深さ
Propulsione	推進
Rotazione	回転
Stabilità	安定性
Struttura	構造

Jazz
ジャズ

Album	アルバム
Applauso	拍手
Artista	アーティスト
Canzone	歌
Compositore	作曲家
Composizione	構成
Concerto	コンサート
Enfasi	強調
Famoso	有名な
Genere	ジャンル
Improvvisazione	即興
Musica	音楽
Nuovo	新着
Orchestra	オーケストラ
Preferiti	お気に入り
Ritmo	リズム
Stile	スタイル
Talento	才能
Tecnica	技術
Vecchio	古い

L'Azienda
ザ・カンパニー

Creativo	クリエイティブ
Decisione	決定
Globale	グローバル
Industria	業界
Innovativo	革新的
Investimento	投資
Occupazione	雇用
Possibilità	可能性
Presentazione	プレゼンテーション
Prodotto	製品
Professionale	プロ
Progresso	進捗
Qualità	品質
Reddito	収益
Reputazione	評判
Rischi	リスク
Risorse	リソース
Salari	賃金
Tendenze	トレンド
Unità	単位

Letteratura
文学

Analisi	分析
Analogia	類推
Aneddoto	逸話
Autore	著者
Biografia	伝記
Conclusione	結論
Confronto	比較
Descrizione	説明
Dialogo	対話
Genere	ジャンル
Metafora	比喩
Opinione	意見
Poesia	詩
Poetico	詩的
Rima	韻
Ritmo	リズム
Romanzo	小説
Stile	スタイル
Tema	テーマ
Tragedia	悲劇

Libri
書籍

Autore	著者
Avventura	冒険
Carattere	キャラクター
Collezione	コレクション
Dualità	二重性
Epico	エピック
Inventivo	発明
Letterario	文学
Lettore	読者
Narratore	ナレーター
Pagina	ページ
Poesia	詩
Rilevante	関連する
Romanzo	小説
Scritto	書かれた
Serie	シリーズ
Storia	ストーリー
Storico	歴史的
Tragico	悲劇的
Umoristico	ユーモラス

Malattia
病気

Acuto	急性
Addominale	腹部
Allergie	アレルギー
Benessere	ウェルネス
Contagioso	伝染性
Corpo	体
Cronico	慢性
Cuore	心臓
Debole	弱い
Ereditario	遺伝性
Genetico	遺伝
Immunità	免疫
Infiammazione	炎症
Lombare	腰椎
Neuropatia	神経障害
Polmonare	肺
Respiratorio	呼吸器
Salute	健康
Sindrome	症候群
Terapia	治療

Mammiferi
哺乳類

Balena	鯨
Cane	犬
Canguro	カンガルー
Cavallo	馬
Cervo	鹿
Coniglio	うさぎ
Coyote	コヨーテ
Delfino	イルカ
Elefante	象
Gatto	猫
Giraffa	キリン
Gorilla	ゴリラ
Leone	ライオン
Lupo	狼
Orso	熊
Pecora	羊
Scimmia	猿
Toro	ブル
Volpe	狐
Zebra	シマウマ

Matematica
数学

Angoli	角度
Aritmetica	算術
Circonferenza	円周
Decimale	小数
Diametro	直径
Equazione	方程式
Esponente	指数
Frazione	分数
Geometria	幾何学
Parallelo	平行
Parallelogramma	平行四辺形
Perimetro	周囲
Perpendicolare	垂直
Poligono	多角形
Raggio	半径
Rettangolo	矩形
Simmetria	対称
Somma	和
Triangolo	三角形
Volume	ボリューム

Meditazione
瞑想

Accettazione	受け入れ
Attenzione	注意
Chiarezza	明快
Compassione	思いやり
Emozioni	感情
Gentilezza	親切
Gratitudine	感謝
Insegnamenti	教え
Mentale	メンタル
Mente	マインド
Movimento	動き
Musica	音楽
Natura	自然
Osservazione	観察
Pace	平和
Pensieri	思考
Postura	姿勢
Prospettiva	パースペクティブ
Respirazione	呼吸
Silenzio	沈黙

Meteo
天気

Arcobaleno	虹
Asciutto	ドライ
Atmosfera	雰囲気
Brezza	そよ風
Cielo	空
Clima	気候
Fulmine	稲妻
Ghiaccio	氷
Monsone	モンスーン
Nebbia	霧
Nube	雲
Polare	極性
Siccità	旱魃
Temperatura	温度
Tempesta	嵐
Tornado	竜巻
Tropicale	トロピカル
Tuono	雷
Uragano	ハリケーン
Vento	風

Misurazioni
測定値

Altezza	高さ
Byte	バイト
Centimetro	センチメートル
Chilogrammo	キログラム
Chilometro	キロメートル
Decimale	小数
Grado	度
Grammo	グラム
Larghezza	幅
Litro	リットル
Lunghezza	長さ
Metro	メーター
Minuto	分
Oncia	オンス
Peso	重さ
Pinta	パイント
Pollice	インチ
Profondità	深さ
Tonnellata	トン
Volume	ボリューム

Mitologia
神話

Archetipo	原型
Comportamento	行動
Creatura	生き物
Creazione	作成
Cultura	文化
Disastro	災害
Divinità	神々
Eroe	ヒーロー
Forza	強さ
Fulmine	稲妻
Gelosia	嫉妬
Guerriero	戦士
Immortalità	不死
Labirinto	ラビリンス
Leggenda	伝説
Magico	魔法の
Mortale	モータル
Mostro	モンスター
Tuono	雷
Vendetta	復讐

Moda
ファッション

Abbigliamento	衣類
Boutique	ブティック
Caro	高価な
Confortevole	快適
Elegante	エレガント
Minimalista	ミニマリスト
Misure	測定
Modello	パターン
Moderno	モダン
Originale	オリジナル
Pizzo	レース
Pratico	実用的
Pulsanti	ボタン
Ricamo	刺繍
Sofisticato	洗練された
Stile	スタイル
Tendenza	トレンド
Tessuto	生地
Trama	テクスチャ

Musica
音楽

Album	アルバム
Armonia	調和
Armonico	ハーモニック
Ballata	バラード
Cantante	歌手
Cantare	歌う
Classico	クラシック
Coro	コーラス
Lirico	叙情的
Melodia	メロディー
Microfono	マイク
Musicale	ミュージカル
Musicista	音楽家
Opera	オペラ
Poetico	詩的
Registrazione	録音
Ritmo	リズム
Strumento	楽器
Tempo	テンポ
Vocale	ボーカル

Natura
自然

Animali	動物
Api	蜂
Artico	北極
Bellezza	美しさ
Deserto	砂漠
Dinamico	動的
Erosione	侵食
Fiume	川
Fogliame	葉
Foresta	森
Ghiacciaio	氷河
Montagne	山
Nebbia	霧
Nuvole	雲
Rifugio	シェルター
Santuario	サンクチュアリ
Selvaggio	野生
Sereno	穏やか
Tropicale	トロピカル
Vitale	重要

Numeri
数字

Cinque	五
Decimale	小数
Diciannove	十九
Diciassette	セブンティーン
Diciotto	十八
Dieci	十
Dodici	十二
Due	二
Nove	九
Otto	八
Quattordici	十四
Quattro	四
Quindici	十五
Sedici	十六
Sei	六
Sette	セブン
Tre	三
Tredici	十三
Venti	二十
Zero	ゼロ

Nutrizione
栄養

Amaro	苦い
Appetito	食欲
Bilanciato	バランス
Calorie	カロリー
Carboidrati	炭水化物
Commestibile	食用
Dieta	ダイエット
Digestione	消化
Fermentazione	発酵
Liquidi	液体
Nutriente	栄養素
Peso	重さ
Proteine	タンパク質
Qualità	品質
Salsa	ソース
Salute	健康
Sano	元気
Spezie	スパイス
Tossina	毒素
Vitamina	ビタミン

Oceano
海洋

Anguilla	うなぎ
Balena	鯨
Barca	ボート
Corallo	コーラル
Delfino	イルカ
Gamberetto	エビ
Granchio	カニ
Maree	潮汐
Medusa	クラゲ
Onde	波
Ostrica	カキ
Pesce	魚
Polpo	たこ
Sale	塩
Scogliera	リーフ
Spugna	スポンジ
Squalo	鮫
Tartaruga	カメ
Tempesta	嵐
Tonno	ツナ

Paesaggi
風景

Cascata	滝
Collina	丘
Deserto	砂漠
Fiume	川
Geyser	間欠泉
Ghiacciaio	氷河
Grotta	洞窟
Iceberg	氷山
Isola	島
Lago	湖
Mare	海
Montagna	山
Oasi	オアシス
Oceano	海洋
Palude	沼
Penisola	半島
Spiaggia	ビーチ
Tundra	ツンドラ
Valle	谷
Vulcano	火山

Paesi #1
国 #1

Brasile	ブラジル
Cambogia	カンボジア
Canada	カナダ
Egitto	エジプト
Finlandia	フィンランド
Germania	ドイツ
India	インド
Iraq	イラク
Israele	イスラエル
Libia	リビア
Mali	マリ
Marocco	モロッコ
Norvegia	ノルウェー
Panama	パナマ
Polonia	ポーランド
Romania	ルーマニア
Senegal	セネガル
Spagna	スペイン
Venezuela	ベネズエラ
Vietnam	ベトナム

Paesi #2
国 #2

Albania	アルバニア
Danimarca	デンマーク
Etiopia	エチオピア
Giamaica	ジャマイカ
Giappone	日本
Grecia	ギリシャ
Haiti	ハイチ
Indonesia	インドネシア
Irlanda	アイルランド
Laos	ラオス
Liberia	リベリア
Messico	メキシコ
Nepal	ネパール
Nigeria	ナイジェリア
Pakistan	パキスタン
Russia	ロシア
Siria	シリア
Sudan	スーダン
Ucraina	ウクライナ
Uganda	ウガンダ

Piante
植物

Albero	木
Bacca	ベリー
Bambù	竹
Botanica	植物学
Cactus	サボテン
Cespuglio	ブッシュ
Crescere	育つ
Edera	蔦
Erba	草
Fagiolo	豆
Fertilizzante	肥料
Fiore	花
Flora	フローラ
Fogliame	葉
Foresta	森
Giardino	庭
Muschio	苔
Petalo	花弁
Radice	根
Vegetazione	植生

Professioni #1
職業 #1

Allenatore	コーチ
Ambasciatore	大使
Artista	アーティスト
Astronomo	天文学者
Avvocato	弁護士
Ballerino	踊り子
Banchiere	銀行家
Cacciatore	ハンター
Cartografo	地図製作者
Editore	編集者
Farmacista	薬剤師
Geologo	地質学者
Gioielliere	宝石商
Idraulico	配管工
Infermiera	看護婦
Musicista	音楽家
Pianista	ピアニスト
Psicologo	心理学者
Scienziato	科学者
Veterinario	獣医

Professioni #2
職業 #2

Astronauta	宇宙飛行士
Bibliotecario	司書
Biologo	生物学者
Chirurgo	外科医
Dentista	歯医者
Filosofo	哲学者
Fotografo	写真家
Giardiniere	庭師
Giornalista	ジャーナリスト
Illustratore	イラストレーター
Ingegnere	エンジニア
Insegnante	先生
Inventore	発明者
Investigatore	調査員
Linguista	言語学者
Medico	医師
Pilota	パイロット
Pittore	画家
Ricercatore	研究者
Zoologo	動物学者

Psicologia
心理学

Clinico	臨床
Cognizione	認知
Comportamento	行動
Conflitto	対立
Ego	自我
Emozioni	感情
Esperienze	経験
Idee	アイデア
Inconscio	無意識
Infanzia	子供の頃
Influenze	影響
Pensieri	思考
Percezione	知覚
Problema	問題
Realtà	現実
Ricordi	思い出
Sensazione	感覚
Sogni	夢
Terapia	治療
Valutazione	評価

Riscaldamento Globale
地球温暖化

Ambientale	環境
Artico	北極
Attenzione	注意
Clima	気候
Crisi	危機
Dati	データ
Energia	エネルギー
Futuro	未来
Gas	ガス
Generazioni	世代
Governo	政府
Habitat	生息地
Industria	業界
Internazionale	国際
Legislazione	法律
Ora	今
Popolazioni	人口
Scienziato	科学者
Sviluppo	発達
Temperature	温度

Ristorante #2
レストラン #2

Acqua	水
Aperitivo	前菜
Bevanda	飲料
Cameriere	ウェイター
Cena	夕食
Cucchiaio	スプーン
Delizioso	美味しい
Forchetta	フォーク
Frutta	フルーツ
Ghiaccio	氷
Insalata	サラダ
Minestra	スープ
Pesce	魚
Pranzo	ランチ
Sale	塩
Sedia	椅子
Spezie	スパイス
Torta	ケーキ
Uova	卵
Verdure	野菜

Salute e Benessere #1
ヘルス＆ウェルネス #1

Abitudine	習慣
Altezza	高さ
Attivo	アクティブ
Batteri	細菌
Clinica	診療所
Fame	飢餓
Farmacia	薬局
Frattura	骨折
Medicina	薬
Medico	医者
Muscoli	筋肉
Nervi	神経
Ormoni	ホルモン
Ossa	骨
Pelle	肌
Postura	姿勢
Riflesso	反射
Rilassamento	リラクゼーション
Terapia	治療
Virus	ウイルス

Salute e Benessere #2
ヘルス＆ウェルネス #2

Allergia	アレルギー
Anatomia	解剖学
Appetito	食欲
Caloria	カロリー
Corpo	体
Dieta	ダイエット
Digestione	消化
Disidratazione	脱水
Energia	エネルギー
Genetica	遺伝学
Igiene	衛生
Infezione	感染
Malattia	病気
Massaggio	マッサージ
Nutrizione	栄養
Ospedale	病院
Peso	重さ
Sangue	血
Sano	元気
Vitamina	ビタミン

Scacchi
チェス

Avversario	相手
Bianco	白い
Campione	チャンピオン
Concorso	コンテスト
Diagonale	対角
Giocatore	プレーヤー
Gioco	ゲーム
Intelligente	賢い
Nero	ブラック
Passivo	パッシブ
Per Imparare	学ぶために
Punti	ポイント
Re	キング
Regina	女王
Regole	ルール
Sacrificio	犠牲
Sfide	課題
Strategia	戦略
Tempo	時間
Torneo	トーナメント

Scienza
理科

Atomo	原子
Chimico	化学薬品
Clima	気候
Dati	データ
Esperimento	実験
Evoluzione	進化
Fatto	事実
Fisica	物理学
Fossile	化石
Gravità	重力
Ipotesi	仮説
Laboratorio	研究室
Metodo	方法
Minerali	ミネラル
Molecole	分子
Natura	自然
Organismo	生物
Osservazione	観察
Particelle	粒子
Scienziato	科学者

Spezie
スパイス

Aglio	ニンニク
Amaro	苦い
Anice	アニス
Cannella	シナモン
Cardamomo	カルダモン
Cipolla	玉葱
Coriandolo	コリアンダー
Cumino	クミン
Curcuma	ターメリック
Curry	カレー
Dolce	甘い
Finocchio	フェンネル
Liquirizia	甘草
Noce Moscata	ナツメグ
Paprika	パプリカ
Pepe	コショウ
Sale	塩
Vaniglia	バニラ
Zafferano	サフラン
Zenzero	ショウガ

Strumenti Musicali
楽器

Armonica	ハーモニカ
Arpa	ハープ
Banjo	バンジョー
Chitarra	ギター
Clarinetto	クラリネット
Fagotto	ファゴット
Flauto	フルート
Gong	ゴング
Mandolino	マンドリン
Marimba	マリンバ
Oboe	オーボエ
Percussione	パーカッション
Pianoforte	ピアノ
Sassofono	サックス
Tamburello	タンバリン
Tamburo	ドラム
Tromba	トランペット
Trombone	トロンボーン
Violino	バイオリン
Violoncello	チェロ

Tempo
時間

Anno	年
Annuale	通年
Calendario	カレンダー
Decennio	十年
Dopo	後
Futuro	未来
Giorno	日
Ieri	昨日
Mattina	朝
Mese	月
Mezzogiorno	昼
Minuto	分
Momento	一瞬
Notte	夜
Oggi	今日
Ora	時間
Orologio	時計
Prima	前
Secolo	世紀
Settimana	週

Tipi di Capelli
ヘアタイプ

Argento	銀
Asciutto	ドライ
Bianco	白い
Biondo	ブロンド
Breve	短い
Calvo	禿
Colorato	有色
Grigio	グレー
Intrecciato	編組
Lucido	シャイニー
Marrone	茶色
Morbido	ソフト
Nero	ブラック
Riccio	カーリー
Riccioli	カール
Sano	元気
Sottile	薄い
Spessore	厚い
Trecce	三つ編み

Uccelli
鳥類

Airone	サギ
Anatra	アヒル
Aquila	鷲
Cicogna	コウノトリ
Cigno	白鳥
Colomba	鳩
Cuculo	カッコウ
Falco	鷹
Fenicottero	フラミンゴ
Gabbiano	カモメ
Oca	ガチョウ
Pappagallo	オウム
Passero	スズメ
Pavone	孔雀
Pellicano	ペリカン
Pinguino	ペンギン
Pollo	チキン
Struzzo	ダチョウ
Tucano	オオハシ
Uovo	卵

Universo
宇宙

Asteroide	小惑星
Astronomia	天文学
Astronomo	天文学者
Atmosfera	雰囲気
Buio	闇
Celeste	天体
Cielo	空
Cosmico	コズミック
Emisfero	半球
Galassia	銀河
Latitudine	緯度
Longitudine	経度
Luna	月
Orbita	軌道
Orizzonte	地平線
Solare	太陽
Solstizio	至点
Telescopio	望遠鏡
Visibile	目に見える
Zodiaco	ゾディアック

Vacanze #2
バケーション #2

Aeroporto	空港
Campeggio	キャンプ
Destinazione	行き先
Foto	写真
Hotel	ホテル
Isola	島
Mappa	地図
Mare	海
Passaporto	パスポート
Ristorante	レストラン
Spiaggia	ビーチ
Straniero	外国人
Taxi	タクシー
Tempo Libero	レジャー
Tenda	テント
Trasporto	交通
Treno	列車
Vacanza	休日
Viaggio	旅
Visto	ビザ

Veicoli
車両

Aereo	飛行機
Ambulanza	救急車
Auto	車
Autobus	バス
Barca	ボート
Bicicletta	自転車
Camion	トラック
Caravan	キャラバン
Elicottero	ヘリコプター
Metropolitana	地下鉄
Motore	モーター
Pneumatici	タイヤ
Razzo	ロケット
Scooter	スクーター
Sottomarino	潜水艦
Taxi	タクシー
Traghetto	フェリー
Trattore	トラクター
Treno	列車
Zattera	いかだ

Verdure
野菜

Aglio	ニンニク
Broccolo	ブロッコリー
Carciofo	アーティチョーク
Carota	にんじん
Cetriolo	キュウリ
Cipolla	玉葱
Fungo	キノコ
Insalata	サラダ
Melanzana	茄子
Patata	じゃがいも
Pisello	エンドウ
Pomodoro	トマト
Prezzemolo	パセリ
Rapa	カブ
Ravanello	だいこん
Scalogno	エシャロット
Sedano	セロリ
Spinaci	ほうれん草
Zenzero	ショウガ
Zucca	かぼちゃ

Vestiti
洋服

Abito	ドレス
Braccialetto	ブレスレット
Camicetta	ブラウス
Camicia	シャツ
Cappello	帽子
Cappotto	コート
Cintura	ベルト
Collana	ネックレス
Giacca	ジャケット
Gonna	スカート
Grembiule	エプロン
Guanti	手袋
Jeans	ジーンズ
Maglione	セーター
Moda	ファッション
Pantaloni	パンツ
Pigiama	パジャマ
Sandali	サンダル
Scarpa	靴
Sciarpa	スカーフ

Congratulazioni

Ce l'hai fatta!

Speriamo che questo libro vi sia piaciuto tanto quanto a noi è piaciuto concepirlo. Ci sforziamo di creare libri della più alta qualità possibile.
Questa edizione è progettata per fornire un apprendimento intelligente, di qualità e divertente!

Le è piaciuto questo libro?

Una Semplice Richiesta

Questi libri esistono grazie alle recensioni che pubblicate.

Puoi aiutarci lasciando una recensione
ora a questo link ?

BestBooksActivity.com/Recensioni50

SFIDA FINALE!

Sfida n°1

Sei pronto per il tuo gioco gratuito? Li usiamo sempre, ma non sono così facili da trovare - ecco i **Sinonimi!**

Scrivi 5 parole che hai trovato nei puzzle (n° 21, n° 36, n° 76) e prova a trovare 2 sinonimi per ogni parola.

Scrivi 5 parole del **Puzzle 21**

Parole	Sinonimo 1	Sinonimo 2

Scrivi 5 parole del **Puzzle 36**

Parole	Sinonimo 1	Sinonimo 2

Scrivi 5 parole del **Puzzle 76**

Parole	Sinonimo 1	Sinonimo 2

Sfida n°2

Ora che ti sei riscaldato, scrivi 5 parole che hai trovato nei puzzle n° 9, n° 17 e n° 25 e cerca di trovare 2 contrari per ogni parola. Quanti ne puoi trovare in 20 minuti?

Scrivi 5 parole del **Puzzle 9**

Parole	Antonimo 1	Antonimo 2

Scrivi 5 parole del **Puzzle 17**

Parole	Antonimo 1	Antonimo 2

Scrivi 5 parole del **Puzzle 25**

Parole	Antonimo 1	Antonimo 2

Sfida n°3

Grande! Questa sfida non è niente per te!

Pronto per la sfida finale? Scegli 10 parole che hai scoperto nei diversi puzzle e scrivile qui sotto.

1.	6.
2.	7.
3.	8.
4.	9.
5.	10.

Ora scrivi un testo pensando a una persona, un animale o un luogo che ti piace.

Puoi usare l'ultima pagina di questo libro come bozza.

La tua composizione:

TACCUINO:

A PRESTO!

Tutta la Squadra

BESTACTIVITYBOOKS.COM/FREEGAMES